W9-CUW-219

¡CUPCAKES... ¡DELICIOSOS!

libro de recetas

¡CUPCAKES... ¡DELICIOSOS!

libro de recetas

¡ADIÓS A LOS CUPCAKES ABURRIDOS!

ÍNDICE

Preparación y cocción

¿Quién puede resistirse? Los cupcakes son toda una tentación, aunque sean pequeños: son deliciosamente caprichosos pero con un agradable toque de sencillez. Al ser porciones individuales se evita la molestia de cortar y servir, y no hay que pelearse por el «trocito de la esquina» porque todos estos pastelillos cuentan con su parte perfecta de bizcocho y cobertura.

Recién salidos del horno, los cupcakes son como un lienzo en blanco en el queel cocinero puede plasmar sus dotes artísticas. Con las coberturas, los confites, las figuritas de azúcar y el fondant podrá darles forma a su antojo.

Sean cuales sean el sabor y los adornos elegidos, se preparan en un santiamén y decorarlos es mucho más fácil de lo que parece. Solo tiene que seguir nuestros sencillos consejos para preparar sus propias delicias en un momento.

Gracias a las sencillas recetas y a las detalladas instrucciones para adornar, pronto se atreverá a crear sus propios cupcakes. Y en cuanto domine las recetas y las técnicas de este libro, tendrá las herramientas necesarias para elaborar cupcakes para cualquier ocasión que se le presente. Esperamos que se lo pase bien preparándolos, adornándolos y, cómo no, saboreándolos.

Nociones básicas

Determinadas expresiones aparecen repetidamente en nuestras recetas, por lo que conviene familiarizarse con unas cuantas reglas básicas antes de ponerse el delantal.

Huevos y azúcar

Batir huevos y azúcar puede parecer un juego de niños, pero hay que batir la mantequilla con el azúcar antes de añadir los otros ingredientes para que no se corte la pasta. Para obtener una crema blanquecina y espumosa, bata la mezcla de 3 a 5 minutos con las varillas eléctricas a media potencia.

Añadir los huevos

Cuando bata el azúcar con los huevos, añada estos últimos de uno en uno. No hace falta batirlos previamente, basta con que lo haga cada vez que incorpore uno hasta obtener una crema homogénea.

Incorporar la harina

Cuando haya añadido la harina, remueva solo lo estrictamente necesario para que quede bien mezclada con los otros ingredientes. Recuerde también remover hasta el fondo y las paredes del bol después de añadirla para que todos los ingredientes queden bien mezclados.

Rellenar los moldes

Una vez mezclados los ingredientes, reparta la pasta entre los moldes.
Llénelos unos dos tercios, la cantidad exacta para obtener un cupcake
ligeramente abombado que será la base ideal para adornarlo. Salvo que se dé
otra indicación, reparta siempre la pasta equitativamente entre los moldes.

Cocción

Para evitar que los cupcakes queden demasiado hechos, compruebe cómo
están un par de minutos antes del final de la cocción. Pinche la parte central
con un palillo o las púas de un tenedor; si están hechos, deberían salir limpios.

Enfriado

En cuanto los cupcakes hayan subido y estén listos, sáquelos del horno y déjelos
enfriar un par de minutos en una bandeja, hasta que pueda manipularlos.
Con una espátula o un cuchillo pequeño, despéguelos del molde (sin quitarles
el molde de papel) y déjelos enfriar del todo en una rejilla metálica.

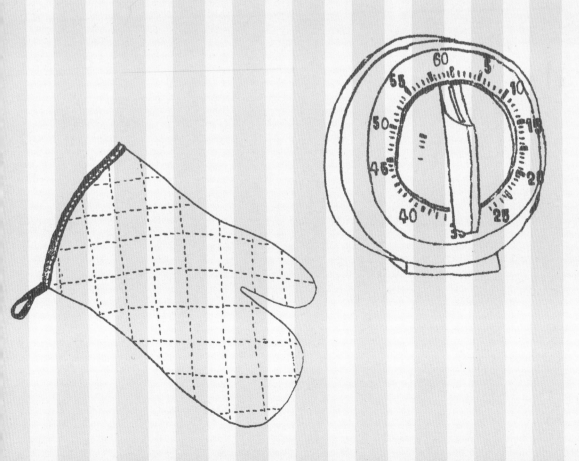

Coberturas

La cobertura es una capa cremosa azucarada que se unta sobre los cupcakes y los pasteles en general. Existen varios tipos, cada uno adecuado para un determinado acabado.

Crema de mantequilla básica

Hecha de mantequilla y azúcar glas, suele llevar también un poco de leche y esencias, cacao en polvo, zumo de cítricos u otros ingredientes. La crema de mantequilla se extiende con una espátula o se reparte de forma decorativa con una manga pastelera. Al ser fácil de hacer y de mantener la forma, es un buen recurso para adornar los cupcakes.

Crema de mantequilla con merengue

También conocida como crema de mantequilla suiza, lleva azúcar, mantequilla y claras de huevo montadas. Es más ligera y menos dulce que la crema de mantequilla básica porque la estructura obedece al uso de claras de huevo, no a la cantidad de azúcar. Aunque es algo más laboriosa porque hay que calentar las claras (para que se disuelva el azúcar) y montarlas a punto de nieve antes de añadir la mantequilla, el resultado es una cobertura más refinada, excelente para untar o repartir con la manga pastelera. Además, como la crema de mantequilla básica, no pierde la forma. Para hacer este tipo de cobertura le irá bien una batidora de pie, aunque con las varillas eléctricas también obtendrá buenos resultados.

Queso cremoso

La cobertura de queso cremoso es parecida a la crema de mantequilla básica, con la diferencia de que parte de la mantequilla se sustituye por queso cremoso para obtener una crema de textura más ligera y un sabor menos dulce.

Merengue

El merengue es más ligero que las cremas de mantequilla porque básicamente lleva claras de huevo y azúcar, sin grasas. Suele añadírsele crémor tártaro, un estabilizante que le proporciona consistencia. Es ideal para formar remolinos esponjosos, pero es mejor consumirlo el mismo día de la preparación. En este caso también le irá bien una batidora de pie, aunque las varillas eléctricas harán igualmente su función.

Fondant

El fondant es un tipo de cobertura compacta a base de azúcar para adornar pasteles, sobre todo infantiles. Su atractivo principal es que tiene una textura parecida a la plastilina y se puede teñir, extender, recortar y modelar en todo tipo de diseños para dar un toque final impecable a sus creaciones. El sabor del fondant no gusta a todo el mundo, pero esto puede solucionarse añadiéndole aceites o esencias concentrados.

No hace falta hacer el fondant en casa porque ya se vende listo para extender con el rodillo, ya sea blanco, para teñir o de color. Lo encontrará en establecimientos especializados en repostería y en Internet. Para teñir el fondant lo mejor son los colorantes alimentarios en gel o pasta que, al no ser húmedos, permiten obtener llamativos colores sin alterar la consistencia.

Ganache

La ganache es una cobertura rica y cremosa que se obtiene derritiendo chocolate con nata. Templada, constituye un magnífico glaseado satinado, mientras que una vez fría adquiere la consistencia de la trufa, por lo que es ideal para rellenos. Hacer ganache es pan comido. Basta mezclar el chocolate con la nata al baño María en un cazo de doble fondo o en un cuenco refractario encajado en la boca de un cazo, o, si lo prefiere, en el microondas a la mínima potencia. Después se remueve hasta que el chocolate se derrite y se obtiene una crema homogénea.

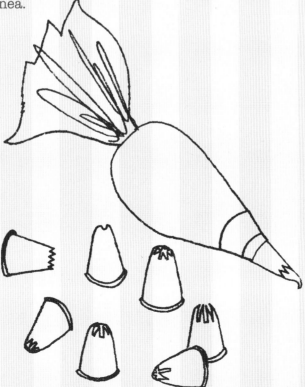

Para decorar

Adornos

Para rellenar una manga pastelera desechable, corte la punta y acople la boquilla. Doble la bolsa sobre una mano (o, si lo prefiere, métala en un vaso de tubo o una jarra, doblándola hacia fuera) y, con la otra, rellénela con una espátula de goma. Evite llenarla más de dos tercios de su capacidad. Apriétela para eliminar las bolsas de aire, cierre la manga por arriba y precíntela con un trozo de alambre plastificado.

Para formar remolinos necesitará una boquilla redonda o en forma de estrella. Empiece a repartir la cobertura por el borde exterior del cupcake, manteniendo la boquilla recta a 1,5 centímetros y apretando con suavidad la manga desde la parte superior. Cubra todo el pastelillo con una espiral de afuera hacia dentro. Cuando llegue al centro, deje de apretar la manga y levante la boquilla con cuidado pero con un movimiento rápido.

Si lo prefiere, disponga la cobertura en forma de estrellas. Para ello, coloque la manga con una boquilla en forma de estrella sobre el cupcake, apriétela un poco y levántela con cuidado. Repita la operación hasta cubrirlo por completo. Esta técnica de apretar y levantar la boquilla con un movimiento rápido también le irá bien para simular briznas de hierba, pelo animal o cabello, entre otros efectos.

Equipo básico

• Las mangas pasteleras, ya sean desechables o reutilizables, así como las boquillas decorativas, van muy bien para repartir la cobertura y crear distintos efectos.
Las bolsas con cierre hermético también resultan prácticas: basta cortarles la punta y acoplarles la boquilla elegida.

• Hay boquillas de todos los tamaños y formas, desde diminutas en forma de estrella hasta grandes y redondas, e incluso con varios orificios para imitar briznas de hierba, pelo animal o cabello. Las boquillas se venden en juegos o por unidades. Probablemente tenga suficiente con un kit básico para preparar las recetas de este libro, pero a medida que gane confianza seguro que se atreverá con modelos más sofisticados.

• Con una espátula acodada podrá untar los cupcakes con la cobertura cuando no quiera hacerlo con la manga pastelera. Encontrará este práctico utensilio en tiendas especializadas en menaje.

Cómo adornar los cupcakes

Moldes de papel

Los moldes de papel son la carta de presentación de los cupcakes, por eso hay que elegirlos muy bien. Si son delicados o de colores claros, lo mejor es que hornee los cupcakes en moldes normales y, después, los pase a los decorativos para que estén en perfecto estado.

Ingredientes básicos para adornar

Colorante alimentario

Los colorantes en gel o pasta permiten obtener colores más intensos que los que vienen en forma de líquido. Aun así, tampoco pasa nada si utiliza estos últimos.

Adornos de azúcar

Adorne sus cupcakes con confeti y figuritas de azúcar de formas y colores distintos. Tómese su tiempo para descubrir las diferentes opciones en el supermercado, la tienda de menaje o Internet.

Figuritas de fondant

En tiendas especializadas encontrará figuras de fondant hechas con moldes y dejadas secar hasta que se endurecen. Encontrará todo tipo de ideas, desde flores hasta terroríficos esqueletos y globos oculares.

Lápices de glaseado

El glaseado de colores en tubo va muy bien para rematar los diseños y, cómo no, para escribir en los cupcakes.

Rotuladores de tinta comestible

Al igual que los rotuladores para dibujar o colorear, pero con tinta comestible, están disponibles en muchos colores y son perfectos para definir los detalles en el fondant u otras superficies consistentes.

Chocolate para cobertura

Estas grageas de chocolate se atemperan para obtener la textura adecuada una vez derretidas. Nosotros las utilizamos para hacer coberturas de chocolate con un toque crujiente.

Conservación

• Deje enfriar los cupcakes del todo (de 30 a 45 minutos) antes de añadir la cobertura o reservarlos.

• Los cupcakes sin cobertura y los de cobertura de queso cremoso o nata se conservan, tapados, hasta tres días en el frigorífico.

• Los cupcakes con cobertura de crema de mantequilla se conservan, tapados, hasta tres días a temperatura ambiente.

• Los cupcakes con cobertura de merengue deben consumirse el mismo día de la preparación.

• Los cupcakes sin cobertura pueden congelarse, en una sola capa y en un recipiente hermético, hasta tres meses. Puede extender la cobertura recién sacados del congelador y dejar que se descongelen en el frigorífico durante varias horas. Antes de servirlos, déjelos un buen rato a temperatura ambiente.

• La mayoría de las coberturas también pueden refrigerarse o congelarse. Las de crema de mantequilla y queso cremoso se conservan, en un recipiente herméticamente cerrado, hasta dos semanas en el frigorífico o hasta seis meses en el congelador. Deje descongelar la cobertura en el frigorífico y bátala un par de minutos con las varillas eléctricas para que quede maleable.

• El fondant listo para pasar el rodillo se conserva indefinidamente a temperatura ambiente, envuelto en film transparente bien ajustado, en un lugar frío y seco.

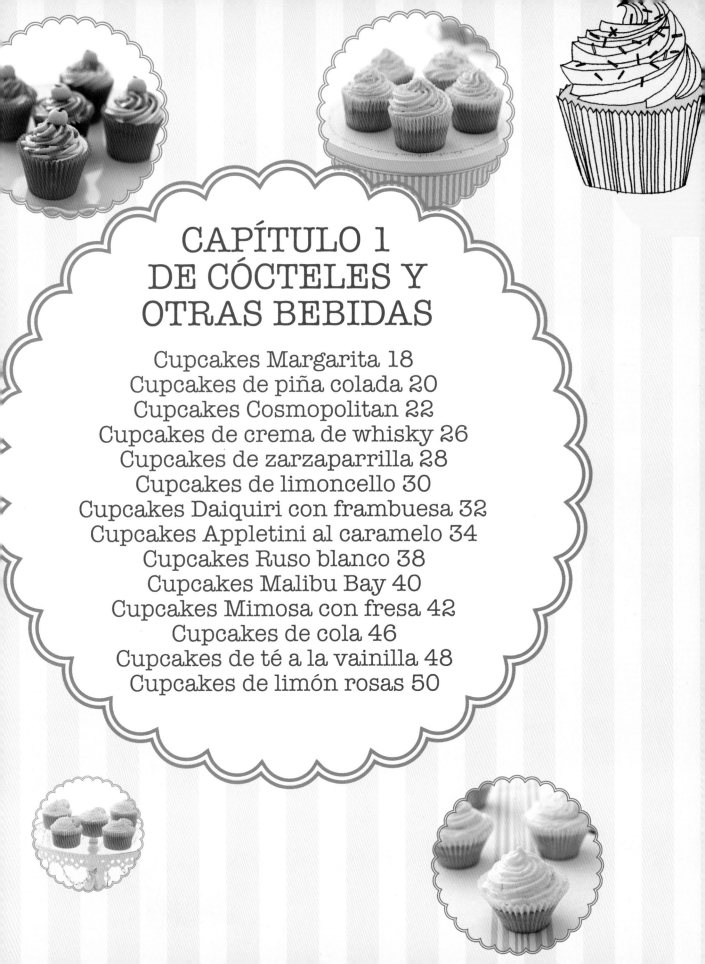

CAPÍTULO 1
DE CÓCTELES Y
OTRAS BEBIDAS

Cupcakes Margarita

para 12 unidades

190 g/1½ tazas de harina

1½ cucharaditas de levadura
en polvo

¼ de cucharadita de sal

120 g/1 barra de mantequilla
ablandada

200 g/1 taza de azúcar

2 cucharaditas de esencia
de vainilla

2 huevos

90 ml/⅓ de taza de leche

3 cucharadas de tequila

el zumo y la ralladura de 1 lima
(limón)

cobertura

3 claras de huevo

150 g/¾ de taza de azúcar

240 g/2 barras de mantequilla
ablandada

4 cucharadas de triple seco

la ralladura de 1 lima (limón)

colorante alimentario verde

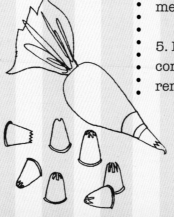

1. Precaliente el horno a 180 °C/350 °F y forre
un molde para 12 magdalenas con moldes de papel.

2. Tamice la harina, la levadura y la sal en un bol.
Bata la mantequilla con el azúcar en otro bol hasta
obtener una crema blanquecina y espumosa. Sin
dejar de batir, añada la vainilla y los huevos de uno
en uno. Agregue la mitad de la harina y la leche,
el tequila y la ralladura y el zumo de lima, y bátalo
hasta mezclar los ingredientes. Incorpore la harina
restante.

3. Vierta la pasta en los moldes y cueza los cupcakes
en el horno precalentado 20 minutos, hasta que al
pincharlos en el centro con una brocheta, salga limpia.
Déjelos reposar un par de minutos y, después, páselos
a una rejilla metálica para que se enfríen del todo.

4. Para preparar la cobertura, caliente al baño
María las claras de huevo y el azúcar en un cazo
de doble fondo o en un bol refractario encajado en
la boca de un cazo, y bátalo hasta que el azúcar
se disuelva. Apártelo del fuego y monte las claras
4 o 5 minutos, hasta que estén a punto de nieve.
Añada la mantequilla, dos cucharadas cada vez, y
siga batiéndolo hasta que las claras estén firmes.
Agregue el triple seco, la ralladura de lima y 2 gotas
de colorante alimentario y remueva lo justo para
mezclar los ingredientes.

5. Introduzca la cobertura en una manga pastelera
con boquilla de estrella y repártala en forma de
remolino sobre los cupcakes.

Sugerencia

Para preparar una versión sin alcohol,
sustituya el tequila de la pasta por 3 cucharadas de zumo de lima y el triple seco de la
cobertura por ¼ de taza de zumo de naranja.

Cupcakes de piña colada

para 12 unidades

190 g/1½ tazas de harina

1½ cucharaditas de levadura en polvo

¼ de cucharadita de sal

120 g/1 barra de mantequilla ablandada

200 g/1 taza de azúcar

2 huevos

2 cucharadas de ron blanco

125 ml/½ taza de leche

85 g/½ taza de piña (ananás) en almíbar escurrida y chafada

60 g/¾ de taza de coco rallado sin azúcar añadido

12 paraguas de cóctel, para adornar

cobertura

4 claras de huevo

200 g/1 taza de azúcar

¼ de cucharadita de crémor

1 cucharada de esencia de coco

2 cucharadas de crema de coco

1. Precaliente el horno a 180°C/350°F y forre un molde para 12 magdalenas con moldes de papel.

2. Tamice la harina, la levadura y la sal en un bol. Bata la mantequilla con el azúcar en otro bol hasta obtener una crema blanquecina y espumosa. Sin dejar de batir, agregue los huevos de uno en uno. Añada el ron, la leche y la mitad de la harina y remueva hasta mezclar los ingredientes. Incorpore la harina restante. Agregue la piña y remueva.

3. Vierta la pasta en los moldes y cueza los cupcakes en el horno precalentado 20 minutos, hasta que al pincharlos en el centro con una brocheta, salga limpia. Déjelos reposar un par de minutos y, después, páselos a una rejilla metálica para que se enfríen del todo. Antes de apagar el horno, tueste el coco. Para ello, forre la bandeja del horno con papel de aluminio y extienda el coco en una capa. Tuéstelo de 6 a 8 minutos, sacudiendo la bandeja a mitad de la cocción, hasta que se dore bien. Sáquelo del horno y déjelo enfriar.

4. Para preparar la cobertura, caliente al baño María las claras de huevo, el azúcar y el crémor en un cazo de doble fondo o en un bol refractario encajado en la boca de un cazo, y bátalo hasta que el azúcar se disuelva. Apártelo del fuego y monte las claras 4 o 5 minutos, hasta que estén a punto de nieve. Añada la esencia y la crema de coco y remueva hasta mezclar los ingredientes. Introduzca la cobertura en una manga pastelera con boquilla de estrella y repártala en forma de remolino sobre los cupcakes.

5. Esparza el coco tostado sobre los cupcakes y adórnelos con los paraguas de cóctel.

Cupcakes Cosmopolitan

para 12 unidades

190 g/1½ tazas de harina

1½ cucharaditas de levadura
en polvo

¼ de cucharadita de sal

120 g/1 barra de mantequilla
ablandada

200 g/1 taza de azúcar

1 cucharadita de esencia de vainilla

2 huevos y 1 cucharada de zumo
de lima (limón)

1 cucharadita de ralladura fina
de limón

2 cucharadas de vodka de
arándanos y 1 de Cointreau
o triple seco

100 ml/¼ de taza de leche

colorante alimentario rosa

cobertura

120 g/1 barra de mantequilla
ablandada

unos 250 g/2-2½ tazas de azúcar
glas (impalpable)

2 cucharadas de vodka
de arándanos

1 cucharadita de esencia de vainilla

colorante alimentario rosa

para adornar

azúcar cristalizado rosa

115 g/4 onzas de mazapán
(pasta de almendra)

colorante alimentario verde

rotulador de tinta comestible verde

12 paraguas de cóctel

1. Precaliente el horno a 180 °C/350 °F y forre
un molde para 12 magdalenas con moldes de papel.

2. Tamice la harina, la levadura y la sal en un bol.
Bata la mantequilla con el azúcar en otro bol hasta
obtener una crema blanquecina y espumosa. Sin
dejar de batir, agregue la vainilla y los huevos de uno
en uno. Añada el zumo y la ralladura de lima, el
vodka, el Cointreau o triple seco, la leche y la mitad de
la harina y remueva hasta mezclar los ingredientes.
Incorpore la harina restante. Deje caer unas gotas
de colorante y bátalo hasta obtener una pasta
homogénea.

3. Vierta la pasta en los moldes y cueza los cupcakes
en el horno precalentado 20 minutos, hasta que
al pincharlos en el centro con una brocheta, salga
limpia. Déjelos reposar un par de minutos y, después,
páselos a una rejilla metálica para que se enfríen
del todo.

4. Para preparar la cobertura, bata la mantequilla en
un bol con las varillas eléctricas hasta obtener una
crema blanquecina. Añada el azúcar glas, el vodka y
la vainilla. Bátalo hasta que esté mezclado. Si fuera
necesario, añada un poco más de azúcar glas para
que la cobertura adquiera la consistencia adecuada
para poder repartirla con la manga pastelera. Deje
caer unas gotas de colorante y bata hasta que quede
bien mezclado.

5. Introduzca la cobertura en una manga pastelera con boquilla de estrella. Repártala en forma de remolinos sobre los cupcakes y adórnelos con el azúcar cristalizado.

6. Para hacer los adornos en forma de gajos de lima, parta el mazapán por la mitad. Trabaje una de las porciones con unas gotas de colorante para teñirlo del tono verde oscuro de la piel de la lima. Trabaje la otra porción con un par de gotas de colorante para obtener el tono más claro de la pulpa.

7. Divida las dos porciones de mazapán en 12 trozos cada una. Modele un trozo verde claro en forma de semicírculo de 5 mm/¼ de pulgada de grosor. Pellizque un poco la parte plana del semicírculo para darle forma de gajo. Aplane un trozo verde oscuro y júntelo con el contorno curvado del gajo, recortando el mazapán para que parezca la piel. Repita la operación con el mazapán restante hasta obtener 12 gajos de lima. Con el rotulador de tinta comestible, dibuje unas líneas en la parte más clara para simular la membrana. Deje secar los adornos.

8. Para servirlos, adorne cada pastelillo con 1 gajo de lima y 1 paraguas de cóctel.

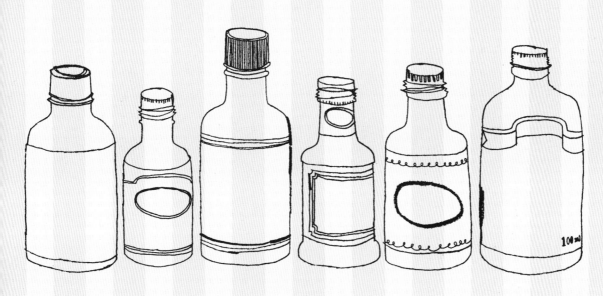

23

Sugerencia

Para preparar una versión sin alcohol, sustituya el vodka de arándanos por zumo de arándanos y el triple seco por zumo de naranja. Para la cobertura, sustituya el vodka por zumo de arándanos.

Cupcakes de crema de whisky

para 12 unidades

125 g/1 taza de harina

60 g/¾ de taza de cacao en polvo

1½ cucharaditas de levadura
en polvo

¼ de cucharadita de sal

120 g/1 barra de mantequilla
ablandada

200 g/1 taza de azúcar

2 cucharaditas de esencia
de vainilla

2 huevos

125 ml/½ taza de nata
(crema) extragrasa

40 g/¼ de taza de pepitas
de chocolate negro, y algunas más
para adornar

cobertura

120 g/1 barra de mantequilla
ablandada

unos 250 g/2-2½ tazas de azúcar
glas (impalpable)

2 cucharadas de leche

3 cucharadas de crema de whisky

1 cucharadita de esencia de vainilla

salsa de chocolate

55 g/2 onzas de chocolate
negro troceado

4 cucharadas de nata
(crema) extragrasa

1 cucharada de mantequilla

1 pizca de sal

1. Precaliente el horno a 180 °C/350 °F y forre
un molde para 12 magdalenas con moldes de papel.

2. Tamice la harina, el cacao, la levadura y la sal en
un bol. Bata la mantequilla con el azúcar en otro bol
hasta obtener una crema blanquecina y espumosa.
Sin dejar de batir, agregue la vainilla y los huevos
de uno en uno. Añada la mitad de la harina y la nata,
y bátalo hasta que esté mezclado. Incorpore
la harina restante. Agregue las pepitas de chocolate
y remueva.

3. Vierta la pasta en los moldes y cueza los cupcakes
en el horno precalentado 20 minutos, hasta que
al pincharlos en el centro con una brocheta, salga
limpia. Déjelos reposar un par de minutos y,
después, páselos a una rejilla metálica para que
se enfríen del todo.

4. Para preparar la cobertura, bata la mantequilla
en un bol con las varillas eléctricas hasta obtener
una crema blanquecina. Añada el azúcar glas, la
leche, la crema de whisky y la vainilla. Bátalo hasta
que esté mezclado. Si fuera necesario, añada un poco
más de azúcar glas para que la cobertura adquiera
la consistencia adecuada para poder repartirla con
la manga pastelera. Introduzca la cobertura en una
manga pastelera con boquilla de estrella y repártala
en forma de remolino sobre los cupcakes.

5. Para preparar la salsa de chocolate, derrita al
baño María el chocolate, la nata, la mantequilla y la
sal en un cazo de doble fondo o en un bol refractario
encajado en la boca de un cazo. Déjelo reposar al
menos 15 minutos. Rocíe los cupcakes con la salsa
de chocolate y adórnelos con pepitas de chocolate.

Sugerencia

Si le fascina el dulce, utilice pepitas de chocolate blanco para la masa y crema de whisky con sabor a avellana para la cobertura.

Cupcakes de zarzaparrilla

para 12 unidades

125 g/1 taza de harina

60 g/¾ de taza de cacao en polvo

1½ cucharaditas de levadura
en polvo

¼ de cucharadita de sal

120 g/1 barra de mantequilla
ablandada

200 g/1 taza de azúcar

1 cucharadita de esencia de vainilla

2 huevos

125 ml/½ taza de zarzaparrilla
sin alcohol

cobertura

3 claras de huevo

160 g/¾ de taza colmados
de azúcar moreno

180 g/1½ barras de mantequilla
ablandada

1½ cucharaditas de esencia
de vainilla

para adornar

55 g/2 onzas de fondant verde

azúcar glas (impalpable),
para espolvorear

azúcar cristalizado verde

1. Precaliente el horno a 180 °C/350 °F y forre
un molde para 12 magdalenas con moldes de papel.

2. Tamice la harina, el cacao, la levadura y la sal en
un bol. En otro bol, bata con las varillas eléctricas la
mantequilla con el azúcar hasta obtener una crema
blanquecina y espumosa. Sin dejar de batir, agregue
la vainilla y los huevos de uno en uno. Añada la
mitad de la harina y la zarzaparrilla, y bátalo hasta
que esté mezclado. Incorpore la harina restante.

3. Reparta la pasta entre los moldes de papel. Cueza
los cupcakes en el horno precalentado 20 minutos,
hasta que al pincharlos en el centro con una brocheta,
salga limpia. Sáquelos del horno y déjelos enfriar en
la bandeja un par de minutos. Páselos a una rejilla
metálica para que se enfríen del todo.

4. Para preparar la cobertura, caliente al baño María
las claras de huevo y el azúcar en un cazo de doble
fondo o en un bol refractario encajado en la boca de
un cazo, y remueva hasta que el azúcar se disuelva
del todo, unos 5 minutos. Apártelo del fuego y monte
las claras 4 o 5 minutos. Añada la mantequilla, dos
cucharadas cada vez, y siga batiéndolo hasta que las
claras estén firmes. Agregue la vainilla y bátalo hasta
que esté mezclado. Introduzca la cobertura en una
manga pastelera con boquilla de estrella y repártala
en forma de remolino sobre los cupcakes.

5. Para hacer los adornos en forma de trébol,
extienda el fondant en la encimera espolvoreada con
un poco de azúcar glas hasta obtener una lámina
de 5 mm/¼ de pulgada de grosor. Corte 12 tréboles
y deje que se sequen. Adorne los cupcakes con los
tréboles y el azúcar cristalizado.

Sugerencia

Sustituya la zarzaparrilla por cerveza negra. La masa quedará más compacta y un poco menos dulce.

Cupcakes de limoncello

para 12 unidades

190 g/1½ tazas de harina

1½ cucharaditas de levadura en polvo

¼ de cucharadita de sal

120 g/1 barra de mantequilla ablandada

200 g/1 taza de azúcar

2 huevos

la ralladura fina y el zumo de 1 limón

4 cucharadas de leche

confeti de azúcar de colores, para adornar

cobertura

3 claras de huevo

150 g/¾ de taza de azúcar glas (impalpable)

240 g/2 barras de mantequilla ablandada

4 cucharadas de limoncello

la ralladura fina de 1 limón

1. Precaliente el horno a 180 °C/350 °F y forre un molde para 12 magdalenas con moldes de papel.

2. Tamice la harina, la levadura y la sal en un bol. Bata la mantequilla con el azúcar en otro bol hasta obtener una crema blanquecina y espumosa. Sin dejar de batir, agregue los huevos de uno en uno. Añada la mitad de la harina, la ralladura y el zumo de limón y la leche, y bátalo hasta que esté mezclado. Incorpore la harina restante.

3. Vierta la pasta en los moldes y cueza los cupcakes en el horno precalentado 20 minutos, hasta que al pincharlos en el centro con una brocheta, salga limpia. Sáquelos del horno, déjelos enfriar en la bandeja un par de minutos y, después, páselos a una rejilla metálica para que se enfríen del todo.

4. Para preparar la cobertura, caliente al baño María las claras de huevo y el azúcar en un cazo de doble fondo o en un bol refractario encajado en la boca de un cazo, y remueva hasta que el azúcar se disuelva del todo. Apártelo del fuego y monte las claras 4 o 5 minutos. Añada la mantequilla, dos cucharadas cada vez, y siga batiéndolo hasta que las claras estén firmes. Incorpore el limoncello y la ralladura de limón.

5. Introduzca la cobertura en una manga pastelera con boquilla de estrella y repártala en forma de remolino sobre los cupcakes. Adórnelos con confeti de azúcar y sírvalos.

Cupcakes Daiquiri con frambuesa

para 12 unidades

190 g/1½ tazas de harina

1½ cucharaditas de levadura en polvo

¼ de cucharadita de sal

120 g/1 barra de mantequilla ablandada

200 g/1 taza de azúcar

2 huevos

125 ml/½ taza de leche

2 cucharadas de ron

la ralladura fina y el zumo de 1 lima (limón)

azúcar cristalizado rosa, para adornar

relleno

350 g/3 tazas de frambuesas trituradas

55 g /¼ de taza de azúcar

2 cucharadas de ron

1 cucharada de maicena

cobertura

120 g/1 barra de mantequilla ablandada

unos 250 g/2-3 tazas de azúcar glas (impalpable)

1 cucharadita de esencia de frambuesa

2 cucharadas de nata (crema) extragrasa

1 pizca de sal

1. Precaliente el horno a 180 °C/350 °F y forre un molde para 12 magdalenas con moldes de papel.

2. Tamice la harina, la levadura y la sal en un bol. Bata la mantequilla con el azúcar en otro bol hasta obtener una crema blanquecina y espumosa. Sin dejar de batir, agregue los huevos de uno en uno. Añada la mitad de la harina, la leche, el ron, y la ralladura y el zumo de lima, y bátalo hasta que esté mezclado. Incorpore la harina restante.

3. Vierta la pasta en los moldes y cueza los cupcakes en el horno precalentado 20 minutos. Déjelos reposar un par de minutos y, después, páselos a una rejilla metálica para que se enfríen del todo.

4. Para preparar el relleno, lleve a ebullición las frambuesas trituradas y el azúcar en un cazo, removiendo a menudo. Bata el ron con la maicena en un cuenco. Añádalo al puré de frambuesa hirviendo y prosiga con la cocción un par de minutos más, removiendo, hasta que se espese. Aparte el puré del fuego, déjelo enfriar un poco y refrigérelo.

5. Para preparar la cobertura, bata la mantequilla con las varillas eléctricas hasta que quede blanquecina y untuosa. Añada los ingredientes restantes y 2 cucharadas del puré de frambuesa, y bátalo bien. Si fuera necesario, añada un poco más de azúcar glas para que adquiera consistencia. Introduzca la cobertura en una manga pastelera con boquilla de estrella.

6. Retire la parte central de los cupcakes con un descorazonador y reparta el relleno. Disponga la cobertura en forma de remolinos sobre los cupcakes y adórnelos con azúcar cristalizado rosa.

Cupcakes Appletini al caramelo

para 12 unidades

190 g/1½ tazas de harina

1½ cucharaditas de levadura
en polvo

1 cucharadita de jengibre y otra
de canela molidos

1 pizca de nuez moscada rallada

¼ de cucharadita de sal

120 g/1 barra de mantequilla
ablandada

200 g/1 taza de azúcar

1 cucharadita de esencia de vainilla

2 huevos

4 cucharadas de compota
de manzana

2 cucharadas de zumo de manzana

2 cucharadas de vodka de manzana

cobertura

120 g/1 barra de mantequilla
ablandada

200 g/1 taza de azúcar moreno

90 ml/⅓ de taza de nata
(crema) extragrasa

1 pizca de sal

2 cucharadas de vodka de manzana

unos 190 g/1½-2 tazas de azúcar
glas (impalpable)

para adornar

colorante alimentario verde

55 g/2 onzas de mazapán
(pasta de almendra)

30 g/1 onza de fondant verde

1. Precaliente el horno a 180 °C/350 °F y forre
un molde para 12 magdalenas con moldes de papel.

2. Tamice en un bol la harina, la levadura, el
jengibre, la canela, la nuez moscada y la sal. En otro
bol bata la mantequilla con el azúcar hasta obtener
una crema blanquecina y espumosa. Sin dejar de
batir, agregue la vainilla y los huevos de uno en uno.
Añada la mitad de la harina, la compota y el zumo
y el vodka de manzana, y remueva bien. Incorpore
la harina restante.

3. Vierta la pasta en los moldes y cueza los cupcakes
en el horno precalentado 20 minutos, hasta que
al pincharlos en el centro con una brocheta, salga
limpia. Déjelos reposar un par de minutos y,
después, páselos a una rejilla metálica para que
se enfríen del todo.

4. Para preparar la cobertura, primero prepare una
salsa de caramelo derritiendo la mantequilla en
un cazo a fuego medio. Añada el azúcar moreno, la
nata y la sal y cuézalo, sin dejar de remover, unos
4 minutos, hasta que el azúcar se disuelva del todo.
Apártelo del fuego, incorpore el vodka y déjelo
enfriar 30 minutos.

5. Pase la salsa de caramelo a un bol, reservando ½ taza para adornar los cupcakes. Añada el azúcar glas y bátalo hasta obtener una crema homogénea. Si fuera necesario, agregue un poco más de azúcar glas para que la cobertura adquiera la consistencia adecuada para poder repartirla con la manga pastelera. Introduzca la cobertura en una manga pastelera con boquilla de estrella y dispóngala en forma de remolino sobre los cupcakes.

6. Para hacer los adornos en forma de manzana, amase el mazapán con un par de gotas de colorante hasta teñirlo de color verde. Divídalo en 12 porciones y deles forma de bola. Modele un trocito de fondant como si fuera el rabillo de una manzana. Únalo a una bolita de mazapán y repita la operación con el mazapán y el fondant restantes. Para servir los cupcakes, rocíelos con la salsa de caramelo reservada y adórnelos con una manzananita cada uno.

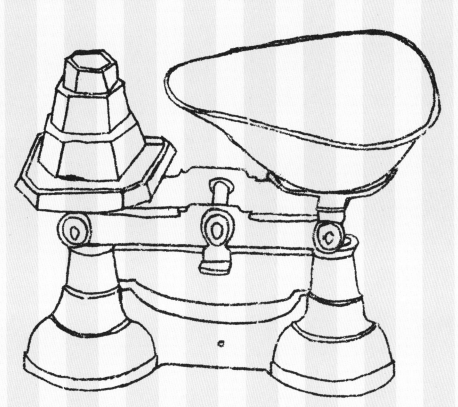

Sugerencia

Sirva los cupcakes recién horneados,
con la salsa de caramelo acabada de
hacer y una bola de helado de vainilla
en lugar de la cobertura.

Cupcakes Ruso blanco

para 12 unidades

190 g/1½ tazas de harina

1½ cucharaditas de levadura en polvo

¼ de cucharadita de sal

120 g/1 barra de mantequilla ablandada

200 g/1 taza de azúcar

2 cucharaditas de esencia de vainilla

2 huevos

90 ml/¹/₃ de taza de leche

4 cucharadas de licor de café

cobertura

120 g/1 barra de mantequilla ablandada

unos 375 g/3-4 tazas de azúcar glas (impalpable)

1 cucharadita de esencia de vainilla

2 cucharadas de vodka a la vainilla

2 cucharadas de licor de café

2 cucharadas de cacao en polvo

1. Precaliente el horno a 180 °C/350 °F y forre un molde para 12 magdalenas con moldes de papel.

2. Tamice la harina, la levadura y la sal en un bol. Bata la mantequilla con el azúcar en otro bol hasta obtener una crema blanquecina y espumosa. Sin dejar de batir, agregue la vainilla y los huevos de uno en uno. Añada la mitad de la harina, la leche y el licor de café, y bátalo hasta que esté mezclado. Incorpore la harina restante.

3. Vierta la pasta en los moldes y cueza los cupcakes en el horno precalentado 20 minutos, hasta que al pincharlos en el centro con una brocheta, salga limpia. Déjelos reposar un par de minutos y, después, páselos a una rejilla metálica para que se enfríen del todo.

4. Para preparar la cobertura, ponga en un bol la mantequilla, el azúcar glas y la esencia de vainilla. Bátalo con las varillas eléctricas hasta que todo esté bien mezclado. Pase la mitad de la cobertura a otro bol.

5. Vierta el vodka en uno de los boles y mézclelo bien. Si fuera necesario, añada un poco más de azúcar glas para que la cobertura adquiera la consistencia adecuada para poder repartirla con la manga pastelera. Introdúzcala en ella y resérvela.

6. Incorpore el licor de café y el cacao a la mezcla del otro bol. Si fuera necesario, añada un poco más de azúcar glas. Introduzca la cobertura en otra manga pastelera.

7. Meta las dos mangas dentro de otra más grande con una boquilla en forma de estrella de modo que queden a la misma altura. Reparta la cobertura en forma de remolinos sobre los cupcakes.

Sugerencia

Apriete la manga para que la cobertura quede en la punta antes de repartirla para obtener un acabado limpio.

Cupcakes Malibu Bay

para 12 unidades

125 ml/½ taza de zumo
de arándanos rojos

2 cucharadas de azúcar

190 g/1½ tazas de harina

1½ cucharaditas de levadura
en polvo

¼ de cucharadita de sal

120 g/1 barra de mantequilla
ablandada

200 g/1 taza de azúcar

2 huevos

125 ml/½ taza de crema de coco
sin azúcar añadido

2 cucharadas de ron blanco

2 cucharadas de arándanos rojos
secos picados

cobertura

3 claras de huevo

150 g/¾ de taza de azúcar

240 g/2 barras de mantequilla
ablandada

3 cucharadas de ron blanco

1 cucharada de esencia de coco

para adornar

40 g/½ taza de coco rallado
sin azúcar añadido

colorante alimentario rosa

12 pajitas de cóctel

1. Precaliente el horno a 180 °C/350 °F y forre un molde para 12 magdalenas con moldes de papel.

2. Lleve a ebullición el zumo de arándanos y el azúcar en un cazo a fuego medio-fuerte. Hiérvalo unos 10 minutos, hasta que se reduzca a unas 2 cucharadas. Déjelo enfriar.

3. Tamice la harina, la levadura y la sal en un bol. Bata la mantequilla con el azúcar en otro bol hasta obtener una crema blanquecina y espumosa. Sin dejar de batir, agregue los huevos de uno en uno. Añada la mitad de la harina, la reducción de arándanos, la crema de coco y el ron, y bátalo hasta que esté mezclado. Incorpore la harina restante y, después, los arándanos secos.

4. Reparta la pasta entre los moldes de papel. Cueza los cupcakes en el horno precalentado 20 minutos. Déjelos reposar un par de minutos y, después, páselos a una rejilla metálica para que se enfríen del todo.

5. Para preparar la cobertura, caliente al baño María las claras de huevo y el azúcar en un cazo de doble fondo o en un bol refractario encajado en la boca de un cazo, y remueva hasta que el azúcar se disuelva del todo. Apártelo del fuego y monte las claras 4 o 5 minutos. Añada la mantequilla, dos cucharadas cada vez, y siga batiéndolo hasta que las claras estén firmes. Agregue el ron y la esencia de coco, y bátalo hasta que esté mezclado. Introduzca la cobertura en una manga pastelera con boquilla de estrella. Repártala en forma de remolinos sobre los cupcakes.

6. Para adornarlos, mezcle el coco rallado con unas gotas de colorante rosa y remueva hasta que se tiña uniformemente. Adorne los cupcakes con el coco teñido y las pajitas.

Sugerencia

Para teñir el coco rallado de modo
uniforme, póngalo en una bolsa de
plástico con unas gotas del colorante
y agítela enérgicamente.

Cupcakes Mimosa con fresa

para 12 unidades

190 g/1½ tazas de harina

1½ cucharaditas de levadura en polvo

¼ de cucharadita de sal

120 g/1 barra de mantequilla ablandada

200 g/1 taza de azúcar

1 cucharadita de esencia de vainilla

2 huevos

125 ml/½ taza de cava o vino espumoso

la ralladura fina de 1 naranja

2 cucharadas de zumo de naranja

relleno

4 cucharadas de agua

2 cucharadas de maicena

175 g/1 taza de fresas (frutillas) en daditos

75 g/¼ de taza de azúcar

4 cucharadas de cava o vino espumoso

cobertura

120 g/1 barra de mantequilla ablandada

unos 440 g/3½-4 tazas de azúcar glas (impalpable)

4 cucharadas de cava o vino espumoso

la ralladura fina de 1 naranja

2 cucharadas de zumo de naranja

1. Precaliente el horno a 180 °C/350 °F y forre un molde para 12 magdalenas con moldes de papel.

2. Tamice la harina, la levadura y la sal en un bol. Bata la mantequilla con el azúcar en otro bol hasta obtener una crema blanquecina y espumosa. Sin dejar de batir, agregue la vainilla y los huevos de uno en uno. Añada la mitad de la harina y el cava, y bátalo hasta que esté mezclado. Incorpore la harina restante, y la ralladura y el zumo de naranja.

3. Vierta la pasta en los moldes y cueza los cupcakes en el horno precalentado 20 minutos, hasta que al pincharlos en el centro con una brocheta, salga limpia. Déjelos reposar un par de minutos y, después, páselos a una rejilla metálica para que se enfríen del todo.

4. Para preparar el relleno, lleve a ebullición el agua y la maicena en un cazo a fuego medio-fuerte sin dejar de remover. Añada las fresas y el azúcar, baje el fuego y cuézalo, removiendo con frecuencia, 5 minutos, hasta que se espese. Vierta el cava y prosiga con la cocción a fuego lento de 3 a 5 minutos más, hasta que se espese. Déjelo enfriar.

5. Para preparar la cobertura, bata con las varillas eléctricas la mantequilla, el azúcar glas, el cava, y la ralladura y el zumo de naranja hasta obtener una crema homogénea. Si fuera necesario, añada un poco más de azúcar glas para que la cobertura adquiera la consistencia adecuada para poder repartirla con la manga pastelera. Introduzca la

para adornar

115 g/4 onzas de mazapán
(pasta de almendra)

colorante alimentario rojo

colorante alimentario
amarillo

rotulador de tinta
comestible naranja

azúcar cristalizado rosa

cobertura en una manga pastelera con boquilla
de estrella.

6. Para hacer los adornos en forma de gajo de
naranja, parta el mazapán por la mitad. Trabaje
una porción con unas gotas de colorante rojo y
amarillo hasta que el mazapán quede teñido. Si
fuera necesario, añada un poco más de colorante
rojo para obtener el tono oscuro de la piel de la
naranja. Trabaje la otra porción de mazapán con un
par de gotas de colorante amarillo y algo menos de
colorante rojo para obtener el tono más claro de la
pulpa de naranja.

7. Divida las dos porciones de mazapán en 12 trozos
cada una. Modele un trozo naranja claro en forma
de semicírculo de 5 mm/¼ de pulgada de grosor.
Pellizque un poco la parte plana del semicírculo
para darle forma de gajo. Aplane un trozo de color
naranja fuerte y júntelo con por el contorno curvado
del gajo, recortando el mazapán para que parezca
la piel. Repita la operación con el mazapán restante
hasta obtener 12 gajos de naranja. Con el rotulador
de tinta comestible, dibuje unas líneas en la parte
más clara para simular la membrana. Déjelo secar.

8. Retire la parte central de los cupcakes con un
descorazonador y añada el relleno. Reparta la
cobertura por encima y adórnelos con el azúcar
cristalizado y los gajos de naranja de mazapán.

Sugerencia

Para preparar una versión sin alcohol, sustituya el cava de la pasta, el relleno y la cobertura por refresco de naranja y omita la ralladura y el zumo de naranja.

Cupcakes de cola

para 12 unidades

190 g/1½ tazas de harina

1½ cucharaditas de levadura
en polvo

¼ de cucharadita de sal

120 g/1 barra de mantequilla
ablandada

150 g/¾ de taza de azúcar

100 g/¼ de taza de azúcar moreno

1 cucharadita de esencia
de vainilla

2 huevos

125 ml/½ taza de jarabe de cola

4 cucharadas de nata
(crema) agria

cobertura

120 g/1 barra de mantequilla
ablandada

200 g/1 taza de azúcar moreno

6 cucharadas de nata
(crema) extragrasa

½ cucharadita de sal

unos 190 g/1½-2 tazas de azúcar
glas (impalpable)

1. Precaliente el horno a 180 °C/350 °F y forre
un molde para 12 magdalenas con moldes de papel.

2. Tamice la harina, la levadura y la sal en un bol.
En otro bol bata la mantequilla con los dos tipos
de azúcar hasta obtener una crema blanquecina
y espumosa. Sin dejar de batir, agregue la vainilla
y los huevos de uno en uno. Añada la mitad de la
harina, el jarabe de cola y la nata agria, y bátalo
hasta que esté mezclado. Incorpore la harina
restante.

3. Vierta la pasta en los moldes y cueza los cupcakes
en el horno precalentado 20 minutos, hasta que
al pincharlos en el centro con una brocheta, salga
limpia. Déjelos reposar un par de minutos y,
después, páselos a una rejilla metálica para que
se enfríen del todo.

4. Para preparar la cobertura, primero prepare
una salsa de caramelo derritiendo la mantequilla
en un cazo a fuego medio. Añada el azúcar moreno,
la nata y la sal y cuézalo, sin dejar de remover, 4 o
5 minutos, hasta que el azúcar se disuelva del todo.
Apártelo del fuego y déjelo enfriar 30 minutos.

5. Pase la salsa de caramelo a un bol y mézclela con
el azúcar glas. Si fuera necesario, añada un poco
más de azúcar glas para que la cobertura adquiera
la consistencia adecuada para poder repartirla con
la manga pastelera. Introduzca la cobertura en una
manga pastelera con boquilla de estrella y repártala
en forma de remolino sobre los cupcakes.

46

Sugerencia

Para darles un toque aún más refrescante,
adórnelos con una cereza confitada y una
pajita de papel de rayas rojas y blancas
cortada a la altura deseada.

Cupcakes de té a la vainilla

para 12 unidades

125 ml/½ taza de leche

3 bolsitas de té chai

190 g/1½ tazas de harina

1½ cucharaditas de levadura
en polvo

¼ de cucharadita de cada de canela,
jengibre, nuez moscada y pimienta
de Jamaica

¼ de cucharadita de sal

120 g/1 barra de mantequilla
ablandada

200 g/1 taza de azúcar

1 cucharada de esencia de vainilla

2 huevos

1 cucharadita de canela molida
y otra de azúcar, mezclados,
para espolvorear

cobertura

3 claras de huevo

150 g/¾ de taza de azúcar

240 g/2 barras de mantequilla
ablandada

1 cucharadita de esencia de vainilla

1 cucharadita de canela molida

1. Precaliente el horno a 180 °C/350 °F y forre un molde para 12 magdalenas con moldes de papel.

2. Caliente la leche en un cazo hasta que empiece a romper el hervor. Añada las bolsitas de té, aparte el cazo del fuego y déjelo 15 minutos en infusión. Retire y deseche las bolsitas de té y deje enfriar del todo la leche.

3. Tamice en un bol la harina, la levadura, las especias y la sal. En otro bol bata la mantequilla con el azúcar hasta obtener una crema blanquecina y espumosa. Sin dejar de batir, agregue la vainilla y los huevos de uno en uno. Añada la mitad de la harina y la leche aromatizada, y remueva hasta que esté mezclado. Incorpore la harina restante.

4. Vierta la pasta en los moldes y cueza los cupcakes en el horno precalentado 20 minutos. Déjelos reposar un par de minutos y, después, páselos a una rejilla metálica para que se enfríen del todo.

5. Para preparar la cobertura, caliente al baño María las claras de huevo y el azúcar en un cazo de doble fondo o en un bol refractario encajado en la boca de un cazo, y remueva hasta que el azúcar se disuelva del todo. Apártelo del fuego y monte las claras 4 o 5 minutos. Añada la mantequilla, dos cucharadas cada vez, y siga batiéndolo hasta que las claras estén firmes. Agregue la vainilla y la canela, y bátalo hasta que esté mezclado. Introduzca la cobertura en una manga pastelera con boquilla de estrella y repártala en forma de remolino sobre los cupcakes.

6. Para adornarlos, espolvoree los pastelillos con la canela azucarada.

Cupcakes de limón rosas

para 10 unidades

125 g/1 taza de harina

1¼ cucharaditas de levadura
en polvo

120 g/1 barra de mantequilla
ablandada

115 g/½ taza de azúcar,
y 55 g/¼ de taza adicional

2 huevos

colorante alimentario rosa

el zumo de 1 limón

confeti de azúcar rosa, blanco
y rojo, y 10 pajitas de refresco,
para adornar

cobertura

120 g/1 barra de mantequilla
ablandada

la ralladura fina y el zumo
de ½ limón

4 cucharadas de nata
(crema) extragrasa

225 g/2 tazas de azúcar glas
(impalpable)

colorante alimentario rosa

1. Precaliente el horno a 180 °C/350 °F y forre
un molde para 10 magdalenas con moldes de papel.

2. Tamice la harina con la levadura en un bol.
En otro bol bata la mantequilla con el azúcar hasta
obtener una crema blanquecina y espumosa.
Sin dejar de batir, agregue los huevos de uno en
uno. Añada la mitad de la harina y unas gotas
de colorante, y bátalo hasta que esté mezclado.
Incorpore la harina restante.

3. Vierta la pasta en los moldes y cueza los cupcakes
en el horno precalentado 20 minutos, hasta que
al pincharlos en el centro con una brocheta, salga
limpia. Déjelos reposar un par de minutos y,
después, páselos a una rejilla metálica para que
se enfríen del todo.

4. Mientras tanto, ponga el azúcar adicional con
el zumo de limón en un cazo de base gruesa y
caliéntelo a fuego medio, sin dejar de remover, hasta
que se disuelva. Pinche varias veces los cupcakes
con un palillo y rocíelos con el almíbar de limón.
Déjelos enfriar del todo en una rejilla metálica.

5. Para preparar la cobertura, bata con las varillas
eléctricas la mantequilla, la ralladura y el zumo de
limón, la nata y el azúcar glas hasta obtener una
crema homogénea. Deje caer unas gotas de colorante
y remueva hasta que quede bien mezclado.

6. Reparta la cobertura sobre los cupcakes con
una espátula. Extienda el confeti en un plato llano,
reboce el contorno de los pastelillos con ellos y
adórnelos con las pajitas.

Sugerencia

Para dar un toque divertido a los cupcakes, adorne el contorno de la cobertura con Peta Zetas de sabor a fresa.

CAPÍTULO 2
CONTRASTES
LLAMATIVOS

Cupcakes de beicon
y jarabe de arce

para 12 unidades

160 g/1½ tazas de harina

1½ cucharaditas de levadura
en polvo

¼ de cucharadita de sal

120 g/1 barra de mantequilla
ablandada

100 g/½ taza de azúcar

125 ml/½ taza de jarabe de arce

1 cucharadita de esencia de vainilla

2 huevos

125 ml/½ taza de leche

beicon caramelizado

8 lonchas de beicon

55 g/¼ de taza de azúcar moreno

cobertura

4 claras de huevo

200 g/1 taza de azúcar

¼ de cucharadita de crémor

2 cucharadas de jarabe de arce

2 cucharaditas de esencia de arce

1. Precaliente el horno a 180 °C/350 °F y forre
un molde para 12 magdalenas con moldes de papel.

2. Para preparar el beicon caramelizado, forre la
bandeja del horno con papel de aluminio. Extienda las
lonchas de beicon en la bandeja y esparza la mitad del
azúcar moreno por encima. Deles la vuelta y repita
la operación. Áselo en el horno precalentado de 25
a 30 minutos, hasta que esté crujiente. No apague el
horno. Sáquelo, déjelo escurrir sobre papel de cocina
y resérvelo caliente. Trocee 4 lonchas de beicon y
reserve las restantes para adornar.

3. Tamice la harina, la levadura y la sal en un bol.
Bata la mantequilla con el azúcar en otro bol. Sin dejar
de batir, agregue el jarabe de arce y la vainilla y, por
último, los huevos de uno en uno. Añada la mitad de la
harina y la leche, y mézclelo bien. Incorpore la harina
restante y el beicon troceado.

4. Reparta la pasta entre los moldes de papel. Cueza los
cupcakes en el horno precalentado 20 minutos, hasta
que al pincharlos en el centro con una brocheta, salga
limpia. Déjelos enfriar un par de minutos y, después,
páselos a una rejilla metálica para que se enfríen.

5. Para preparar la cobertura, caliente al baño María
las claras de huevo, el azúcar y el crémor en un cazo
de doble fondo o en un bol refractario encajado en
la boca de un cazo, y remueva hasta que el azúcar
se disuelva del todo. Apártelo del fuego y monte
las claras 4 o 5 minutos, hasta que estén a punto de
nieve. Añada el jarabe y la esencia de arce, y remueva
de nuevo. Introduzca la cobertura en una manga
pastelera con boquilla de estrella y repártala en forma
de remolino sobre los cupcakes. Adórnelos con
el beicon reservado partido en 12 trozos.

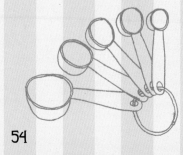

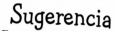

Sugerencia

Espolvoree el beicon con 1½
cucharaditas de canela molida
antes de asarlo en el horno.

Cupcakes de galletas
con pepitas de chocolate

para 12 unidades

250 g/9 onzas de masa para galletas con gotas de chocolate

190 g/1 ½ tazas de harina

1 ½ cucharaditas de levadura en polvo

¼ de cucharadita de sal

120 g/1 barra de mantequilla ablandada

50 g/¼ de taza de azúcar

100 g/½ taza de azúcar moreno

2 cucharaditas de esencia de vainilla

2 huevos

125 ml/½ taza de leche

50 g/¼ de taza de pepitas de chocolate negro, para adornar

cobertura

3 claras de huevo

160 g/¾ de taza de azúcar moreno

180 g/1 ½ barras de mantequilla ablandada

1 ½ cucharaditas de esencia de vainilla

1. Precaliente el horno a 190 °C/375 °F y forre un molde para 12 magdalenas con moldes de papel.

2. Deje caer cucharadas redondeadas del preparado en los moldes y cueza las galletas en el horno precalentado de 8 a 10 minutos, o hasta que empiecen a dorarse. Sáquelas del horno y baje la temperatura a 180 °C/350 °F.

3. Tamice la harina, la levadura y la sal en un bol. Bata en otro bol la mantequilla con los dos tipos de azúcar hasta obtener una crema blanquecina y espumosa. Sin dejar de batir, agregue la vainilla y los huevos de uno en uno. Añada la mitad de la harina y la leche, y bátalo hasta que esté mezclado. Incorpore la harina restante.

4. Termine de llenar con la pasta los moldes con las galletas y cueza los cupcakes en el horno 20 minutos, hasta que suban y al pincharlos en el centro con una brocheta, salga limpia. Déjelos reposar un par de minutos y, después, páselos a una rejilla metálica para que se enfríen del todo.

5. Para preparar la cobertura, cueza al baño María las claras de huevo y el azúcar en un cazo de doble fondo o en un bol refractario encajado en la boca de un cazo, y remueva hasta que el azúcar se disuelva del todo. Apártelo del fuego y monte las claras 4 o 5 minutos. Añada la mantequilla, dos cucharadas cada vez, y siga batiéndolo hasta que las claras estén firmes. Agregue la vainilla y bátalo hasta que esté mezclado. Introduzca la cobertura en una manga pastelera con boquilla de estrella y repártala en forma de remolino sobre los cupcakes. A continuación, adórnelos con las pepitas.

Sugerencia

Si no encuentra la masa preparada,
ponga una galleta con pepitas de
chocolate en cada molde y omita
el primer paso de la cocción.

Cupcakes de limón
con merengue rosa

para 12 unidades

200 g/1½ tazas de harina

1½ cucharaditas de levadura en polvo

¼ de cucharadita de sal

120 g/1 barra de mantequilla ablandada

200 g/1 taza de azúcar

1 cucharadita de esencia de vainilla

2 huevos

la ralladura fina y el zumo de 1 limón

4 cucharadas de leche

colorante alimentario rosa

relleno

225 ml/1 taza de crema de limón

125 ml/½ taza de nata (crema) extragrasa montada

cobertura

4 claras de huevo

200 g/1 taza de azúcar

¼ de cucharadita de crémor

1 cucharada de zumo de limón

1 cucharadita de esencia de limón

colorante alimentario rosa

1. Precaliente el horno a 180 °C/350 °F y forre un molde para 12 magdalenas con moldes de papel.

2. Tamice la harina, la levadura y la sal en un bol. Bata la mantequilla con el azúcar en otro bol hasta obtener una crema blanquecina y espumosa. Sin dejar de batir, agregue la vainilla y los huevos de uno en uno. Añada la mitad de la harina, la ralladura y el zumo de limón y la leche, y bátalo hasta que esté mezclado. Incorpore la harina restante. Deje caer unas gotas de colorante y remueva hasta que quede homogéneo.

3. Vierta la pasta en los moldes y cueza los cupcakes en el horno precalentado 20 minutos, hasta que al pincharlos en el centro con una brocheta, salga limpia. Déjelos reposar un par de minutos y, después, páselos a una rejilla metálica para que se enfríen del todo.

4. Para preparar el relleno, incorpore la crema de limón a la nata montada y refrigérelo.

5. Retire la parte central de los cupcakes con un descorazonador y reparta el relleno.

6. Para preparar la cobertura, caliente al baño María las claras de huevo, el azúcar y el crémor en un cazo de doble fondo o en un bol refractario encajado en la boca de un cazo, y remueva hasta que el azúcar se disuelva del todo. Apártelo del fuego y monte las claras 4 o 5 minutos, hasta que estén a punto de nieve. Incorpore el zumo y la esencia de limón y, si lo desea, unas gotas de colorante al merengue.

7. Introduzca la cobertura en una manga pastelera con boquilla de estrella y repártala sobre los cupcakes.

Contrastes llamativos
Capítulo 2

Cupcakes de jengibre

para 12 unidades

190 g/1½ tazas de harina

1½ cucharaditas de levadura
en polvo

2 cucharaditas de jengibre molido

1 cucharadita de canela molida

¼ de cucharadita de pimienta
de Jamaica molida

¼ de cucharadita de nuez
moscada molida

¼ de cucharadita de sal

120 g/1 barra de mantequilla
ablandada

110 g/½ taza generosa de azúcar
moreno

1 cucharadita de esencia
de vainilla

2 huevos

160 ml/½ taza de melaza

125 ml/½ taza de leche

55 g/2 onzas de fondant marrón y
glaseado para escribir, para adornar

azúcar glas (impalpable),
para espolvorear

cobertura

175 g/¾ de taza de queso cremoso

55 g/4 cucharadas de
mantequilla ablandada

unos 500 g/4 tazas de azúcar
glas (impalpable)

1 cucharadita de jengibre molido

la ralladura de 1 limón grande

2 cucharadas de zumo de limón

1 pizca de sal

1. Precaliente el horno a 180 °C/350 °F y forre
un molde para 12 magdalenas con moldes de papel.

2. Tamice en un bol la harina, la levadura, el
jengibre, la canela, la pimienta, la nuez moscada y
la sal. Bata la mantequilla con el azúcar en otro bol
hasta obtener una crema blanquecina y espumosa.
Sin dejar de batir, agregue la vainilla y los huevos de
uno en uno. Añada la mitad de la harina, la melaza y
la leche, y bátalo hasta que esté mezclado. Incorpore
la harina restante.

3. Vierta la pasta en los moldes y cueza los cupcakes
en el horno precalentado 20 minutos, hasta que
al pincharlos en el centro con una brocheta, salga
limpia. Déjelos reposar un par de minutos y,
después, páselos a una rejilla metálica para que
se enfríen del todo.

4. Para preparar la cobertura, bata con las varillas
eléctricas el queso, la mantequilla, el azúcar glas,
el jengibre, la ralladura y el zumo de limón y la
sal hasta obtener una crema homogénea. Si fuera
necesario, añada un poco más de azúcar glas hasta
que la cobertura adquiera la consistencia adecuada
para poder repartirla con la manga pastelera.
Introduzca la cobertura en una manga pastelera con
boquilla de estrella y repártala en forma de remolino
sobre los cupcakes.

5. Para hacer los adornos en forma de muñeco,
extienda el fondant en la encimera espolvoreada
con un poco de azúcar glas hasta obtener una
lámina fina. Recórtelo en 12 muñecos y déjelos secar
sobre papel vegetal. Cuando estén secos, dibújeles
los detalles con el glaseado. Adorne los cupcakes con
los muñecos antes de servirlos.

Cupcakes de chocolate y pimienta rosa

para 12 unidades

125 g/1 taza de harina

60 g/¾ de taza de cacao en polvo

1 cucharadita de levadura en polvo

¼ de cucharadita de sal

120 g/1 barra de mantequilla ablandada

200 g/1 taza de azúcar

2 cucharaditas de esencia de vainilla

2 huevos

125 ml/½ taza de nata (crema) agria

1 cucharada de pimienta rosa en grano machacada, para adornar

cobertura

4 cucharadas de leche

1 cucharada de pimienta rosa en grano machacada

120 g/1 barra de mantequilla ablandada

unos 250 g/2-2½ tazas de azúcar glas (impalpable)

2 cucharaditas de esencia de vainilla

1. Precaliente el horno a 180°C/350°F y forre un molde para 12 magdalenas con moldes de papel.

2. Tamice la harina, el cacao, la levadura y la sal en un bol. Bata en otro bol la mantequilla con el azúcar hasta obtener una crema blanquecina y espumosa. Sin dejar de batir, agregue la vainilla y los huevos de uno en uno. Añada la mitad de la harina y la nata, y bátalo hasta que esté mezclado. Incorpore la harina restante.

3. Vierta la pasta en los moldes y cueza los cupcakes en el horno precalentado 20 minutos, hasta que al pincharlos en el centro con una brocheta, salga limpia. Déjelos reposar un par de minutos y, después, páselos a una rejilla metálica para que se enfríen del todo.

4. Para preparar la cobertura, caliente a fuego medio la leche y la pimienta en un cazo hasta que empiece a hervir. Baje el fuego al mínimo y cuézalo 5 minutos, removiendo a menudo. Cuele la leche sobre un bol, retirando la pimienta, y déjela enfriar 10 minutos.

5. Añada la mantequilla, el azúcar glas y la esencia de vainilla a la leche, y bátalo con las varillas eléctricas hasta obtener una crema homogénea. Si fuera necesario, añada un poco más de azúcar glas hasta que adquiera la consistencia adecuada para poder repartirla con la manga pastelera. Introduzca la cobertura en una manga pastelera con boquilla de estrella y repártala en forma de remolino sobre los cupcakes.

6. Espolvoree los cupcakes con la pimienta rosa machacada antes de servirlos.

Sugerencia

Si no tiene mortero, ponga la pimienta en grano en una bolsa y macháquela con el rodillo.

Cupcakes de té verde y granada

para 12 unidades

190 g/1½ tazas de harina

1½ cucharaditas de levadura en polvo

1 cucharada de té verde (matcha) soluble

¼ de cucharadita de sal

120 g/1 barra de mantequilla ablandada

200 g/1 taza de azúcar

1 cucharadita de esencia de vainilla

2 huevos

4 cucharadas de leche

granos de granada, para adornar

jarabe de granada

475 ml/2 tazas de zumo de granada

100 g/½ taza de azúcar

cobertura

120 g/1 barra de mantequilla ablandada

unos 300 g/1½-2 tazas de azúcar glas (impalpable)

1. Para preparar el jarabe de granada, lleve a ebullición el zumo y el azúcar en un cazo a fuego medio-fuerte, removiendo de vez en cuando, hasta que el azúcar se disuelva. Baje el fuego y hiérvalo hasta que se reduzca a ½ taza aproximadamente. Déjelo enfriar.

2. Precaliente el horno a 180 °C/350 °F y forre un molde para 12 magdalenas con moldes de papel.

3. Tamice en un bol la harina, la levadura, el té verde y la sal. Bata la mantequilla con el azúcar en otro bol hasta obtener una crema blanquecina y espumosa. Sin dejar de batir, agregue la vainilla y los huevos de uno en uno. Añada la mitad de la harina, ¼ de taza del jarabe de granada y la leche, y mézclelo bien. Incorpore la harina restante.

4. Vierta la pasta en los moldes y cueza los cupcakes en el horno precalentado 20 minutos, hasta que al pincharlos en el centro con una brocheta, salga limpia. Déjelos reposar un par de minutos y, después, páselos a una rejilla metálica para que se enfríen del todo.

5. Para preparar la cobertura, bata en otro bol con las varillas eléctricas la mantequilla, el azúcar glas y el jarabe de granada restante. Si fuera necesario, añada más azúcar glas hasta que la cobertura adquiera consistencia. Introduzca la cobertura en una manga pastelera con boquilla de estrella y repártala en forma de remolino sobre los cupcakes.

6. Adorne los cupcakes con los granos de granada.

Cupcakes de café con rosquillas

Capítulo 2
Contrastes llamativos

para 12 unidades

250 g/2 tazas de harina

60 g/¾ de taza de cacao en polvo

2 cucharaditas de levadura en polvo

¼ de cucharadita de sal

180 g/1½ barras de mantequilla ablandada, y un poco más para untar

300 g/1½ tazas de azúcar

1 cucharada de esencia de café

3 huevos

125 ml/½ taza de café cargado frío

125 ml ½ taza de nata (crema) extragrasa

cobertura

3 claras de huevo

150 g/¾ de taza de azúcar

240 g/2 barras de mantequilla ablandada

1 cucharada de esencia de café

para adornar

225 g/8 onzas de chocolate negro troceado

2 cucharadas de aceite vegetal

confeti de azúcar de colores

1. Precaliente el horno a 180°C/350°F, y forre un molde para 12 magdalenas con moldes de papel y unte con mantequilla un molde llano redondo de 23 cm/9 pulgadas. Forre la bandeja del horno con papel vegetal.

2. Tamice en un bol la harina, el cacao, la levadura y la sal. Bata en otro bol la mantequilla con el azúcar hasta obtener una crema blanquecina y espumosa. Sin dejar de batir, agregue la esencia de café y los huevos de uno en uno. Añada la mitad de la harina, el café y la nata, y bátalo hasta que esté mezclado. Incorpore la harina restante.

3. Vierta la pasta en los moldes de papel y extienda la que sobre en una capa uniforme en el molde. Cueza los cupcakes y el bizcocho en el horno 20 minutos, o hasta que al pincharlos en el centro con una brocheta, salga limpia (el bizcocho necesitará unos minutos más de cocción). Déjelos reposar un par de minutos y, después, páselos a una rejilla metálica para que se enfríen del todo.

4. Para preparar la cobertura, caliente al baño María las claras de huevo y el azúcar en un cazo de doble fondo o en un bol refractario encajado en la boca de un cazo, y remueva hasta que el azúcar se disuelva del todo. Apártelo del fuego y monte las claras 4 o 5 minutos. Añada la mantequilla, dos cucharadas cada vez, y siga batiéndolo hasta que las claras estén firmes. Agregue la esencia de café y bátalo hasta que esté mezclado. Introduzca la cobertura en una manga pastelera con boquilla de estrella. Refrigérela.

5. Con un cortapastas redondo de 6 cm/2 pulgadas, corte el bizcocho en 6 redondeles. Refrigérelos unos 30 minutos. Pártalos en horizontal para obtener 12 rosquillas de unos 2 cm/¾ de pulgada de grosor. Recorte la parte central de cada una con un descorazonador y deséchela.

6. Para preparar la cobertura de chocolate, caliente el chocolate y el aceite en un cazo de doble fondo o en un bol refractario encajado en la boca de un cazo, y remueva hasta que el chocolate se derrita.

7. Pase las rosquillas por los dientes de un tenedor y sumérjalas, de una en una, en el chocolate derretido. Escúrralas bien, póngalas en la bandeja y adórnelas enseguida con el confeti de azúcar. Refrigérelas unos 15 minutos, hasta que el chocolate cuaje.

8. Para servir los cupcakes, sáquelos de los moldes de papel y póngalos en una taza de café cada uno. Reparta la cobertura en forma de remolinos y adórnelos con las rosquillas de chocolate.

Sugerencia

Para dar un toque más divertido a los cupcakes, recubra las rosquillas con cobertura de colores derretida en lugar de chocolate negro.

Cupcakes de chocolate con guindilla

para 12 unidades

125 g/1 taza de harina

75 g/¾ de taza de cacao en polvo

1½ cucharaditas de levadura en polvo

½ cucharadita de canela molida

1 cucharadita de guindilla suave molida

¼ de cucharadita de cayena molida

¼ de cucharadita de sal

120 g/1 barra de mantequilla ablandada

200 g/1 taza de azúcar

2 cucharaditas de esencia de vainilla

2 huevos

125 ml/½ taza de leche

2 cuadrados (1 onza) de chocolate negro, para adornar

cobertura

120 g/1 barra de mantequilla ablandada

unos 190 g/1½-2 tazas de azúcar glas (impalpable)

40 g/¼ de taza de cacao en polvo

2 cucharadas de leche

1 cucharadita de esencia de vainilla

1 cucharadita de canela molida

1. Precaliente el horno a 180 °C/350 °F y forre un molde para 12 magdalenas con moldes de papel.

2. Tamice en un bol la harina, el cacao, la levadura, la canela, la guindilla, la cayena y la sal. Bata en otro bol la mantequilla con el azúcar hasta obtener una crema blanquecina y espumosa. Sin dejar de batir, agregue la vainilla y los huevos de uno en uno. Añada la mitad de la harina y la leche, y bátalo hasta que esté mezclado. Incorpore la harina restante.

3. Vierta la pasta en los moldes y cueza los cupcakes en el horno precalentado 20 minutos, hasta que suban y al pincharlos en el centro con una brocheta, salga limpia. Déjelos reposar un par de minutos y, después, páselos a una rejilla metálica para que se enfríen del todo.

4. Para preparar la cobertura, bata la mantequilla en un bol con las varillas eléctricas hasta obtener una crema blanquecina y espumosa. Añada el azúcar glas, el cacao, la leche, la vainilla y la canela. Bátalo hasta que esté mezclado. Si fuera necesario, añada un poco más de azúcar glas hasta que adquiera la consistencia adecuada para poder repartirla con la manga pastelera. Introduzca la cobertura en una manga pastelera con boquilla de estrella y repártala en forma de remolino sobre los pastelillos.

5. Para adornar los cupcakes, ralle el chocolate por encima.

Cupcakes de baklava

para 12 unidades

190 g/1½ tazas de harina

1½ cucharaditas de levadura en polvo

¾ de cucharadita de canela molida

¼ de cucharadita de sal

120 g/1 barra de mantequilla ablandada

125 ml/½ taza de miel

100 g/½ taza de azúcar

2 cucharaditas de esencia de vainilla

2 huevos

125 ml/½ taza de leche

30 g/¼ de taza de nueces picadas

30 g/¼ de taza de pistachos picados

jarabe de miel

125 ml/½ taza de miel

100 g/½ taza de azúcar

4 cucharadas de agua

1 tira de piel de naranja

redondeles de pasta filo

60 g/4 cucharadas de mantequilla derretida, y un poco más para engrasar

12 láminas de pasta filo descongelada

1. Para preparar el jarabe de miel, mezcle todos los ingredientes en un cazo. Caliéntelo a fuego medio hasta que el azúcar se disuelva, suba el fuego a medio-fuerte, llévelo a ebullición y cuézalo unos 6 minutos, o hasta que adquiera una consistencia almibarada. Apártelo del fuego, deseche la piel de naranja y deje que se enfríe.

2. Para hacer los redondeles de pasta filo, precaliente el horno a 180°C/350°F y engrase la bandeja del horno. En un cuenco mezcle la mantequilla derretida con ¼ de taza del jarabe de miel enfriado.

3. Extienda una lámina de pasta filo en la encimera bien limpia y píntela con la mantequilla con jarabe de miel. Extienda otra capa por encima y píntela del mismo modo. Repita la operación hasta apilar 6 láminas de pasta, terminando con una capa de mantequilla con jarabe de miel. Haga lo mismo con la pasta filo restante. Corte 24 redondeles con un cortapastas de 5 cm/2 pulgadas. Parta 12 de ellos por la mitad para obtener 24 semicírculos. Póngalos en la bandeja. Humedézcalos con unas gotas de agua fría para que no se doblen.

4. Cueza los redondeles de pasta filo en el horno de 7 a 10 minutos, o hasta que se doren y estén crujientes. Sáquelos y cueza los semicírculos un par de minutos, hasta que empiecen a tomar color. Páselos a una rejilla metálica y no apague el horno.

cobertura

120 g/1 barra de mantequilla
ablandada

90 ml/¹⁄₃ de taza de miel

250 g/2 tazas de azúcar glas
(impalpable)

frutos secos con miel

30 g/¼ de taza de nueces
picadas

30 g/¼ de taza de pistachos
picados

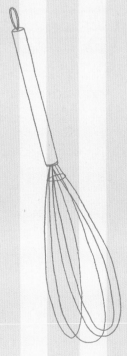

5. Forre un molde múltiple para 12 magdalenas con moldes de papel y ponga un redondel de pasta filo en cada uno.

6. Tamice la harina, la levadura, la canela y la sal en un bol. Bata la mantequilla con la miel y el azúcar en otro bol hasta obtener una crema blanquecina y espumosa. Sin dejar de batir, agregue la vainilla y los huevos de uno en uno. Añada la mitad de la harina y la leche, y bátalo hasta que esté mezclado. Incorpore la harina restante y los frutos secos, y remueva bien.

7. Vierta la pasta sobre la base de pasta filo de los moldes y cueza los cupcakes en el horno precalentado 20 minutos, hasta que al pincharlos en el centro con una brocheta, salga limpia. Déjelos reposar un par de minutos en la bandeja y, después, páselos a una rejilla metálica para que se enfríen.

8. Para preparar la cobertura, bata la mantequilla, la miel y el azúcar glas en un bol hasta obtener una crema homogénea. Extiéndala sobre los cupcakes con una espátula.

9. Para preparar los frutos secos con miel, mezcle las nueces y los pistachos con el jarabe de miel restante en un cuenco. Repártalos sobre los cupcakes y adorne cada uno con un par de semicírculos de pasta filo.

Sugerencia

Manipule la delicada pasta filo con cuidado. Después de extender cada lámina, cúbrala enseguida con un paño húmedo para que no se seque.

Cupcakes de crema de cacahuete y mermelada de fresa

para 12 unidades

190 g/1½ tazas de harina

1½ cucharaditas de levadura en polvo

¼ de cucharadita de sal

120 g/1 barra de mantequilla ablandada

200 g/1 taza de azúcar

125 g/½ taza de crema de cacahuete (maní) fina

1 cucharadita de esencia de vainilla

2 huevos

125 ml/½ taza de leche

325 g/¾ de taza de confitura de fresa (frutilla) a temperatura ambiente, y un poco más para adornar

cobertura

120 g/1 barra de mantequilla ablandada

125 g/½ taza de crema de cacahuete (maní) fina

unos 200 g/1½-2½ tazas de azúcar glas (impalpable)

3 cucharadas de leche

1 pizca de sal

1. Precaliente el horno a 180°C/350°F y forre un molde para 12 magdalenas con moldes de papel.

2. Tamice la harina, la levadura y la sal en un bol. Bata la mantequilla con el azúcar en otro bol hasta obtener una crema blanquecina y espumosa. Añada la crema de cacahuete, y bátalo hasta que esté mezclado. Sin dejar de batir, agregue la vainilla y los huevos de uno en uno. Añada la mitad de la harina y la leche y remueva. Incorpore la harina restante.

3. Vierta la pasta en los moldes y cueza los cupcakes en el horno precalentado 20 minutos. Déjelos reposar un par de minutos y, después, páselos a una rejilla metálica para que se enfríen del todo.

4. Para preparar la cobertura, bata la mantequilla y la crema de cacahuete en un bol con las varillas eléctricas hasta que adquiera una textura untuosa. Añada el azúcar glas, la leche y la sal, y mézclelo bien. Si fuera necesario, añada un poco más de azúcar glas hasta que la cobertura adquiera la consistencia adecuada para poder repartirla con la manga pastelera. Introduzca la cobertura en una manga pastelera con boquilla de estrella.

5. Retire la parte central de los cupcakes con un descorazonador y rellénelos con la confitura de fresa. Reparta la cobertura por encima, dejando vacía la parte central. Rellene la parte vacía con un poco de confitura y sirva los cupcakes.

Cupcakes de pera

para 12 unidades

1 litro/4 tazas de agua

200 g/1 taza de azúcar

3 peras pequeñas peladas, en cuartos y sin el corazón

1 rama de canela

75 g/¾ de taza de harina

70 g/¾ de taza de almendra molida

1 cucharadita de levadura en polvo

¼ de cucharadita de sal

120 g/1 barra de mantequilla ablandada

200 g/1 taza de azúcar

2 cucharaditas de esencia de vainilla

2 huevos

4 cucharadas de nata (crema) extragrasa

cobertura

3 claras de huevo

150 g/¾ de taza de azúcar

240 g/2 barras de mantequilla ablandada

1 cucharadita de esencia de vainilla

1 cucharadita de canela molida

para adornar

115 g/4 onzas de mazapán (pasta de almendra)

purpurina comestible verde y dorada

12 clavos

1. Para escalfar las peras, ponga a hervir el agua con el azúcar en un cazo. Baje el fuego y remueva hasta que el azúcar se disuelva. Añada las peras y la canela en rama y cuézalas a fuego lento 20 minutos, hasta que estén tiernas. Escúrralas y deje que se enfríen. Precaliente el horno a 180 °C/350 °F y forre un molde para 12 magdalenas con moldes de papel.

2. Tamice en un bol la harina, la almendra molida, la levadura y la sal. Bata la mantequilla con el azúcar en otro bol. Sin dejar de batir, agregue la vainilla y los huevos de uno en uno. Añada la mitad de la harina y la nata, y bátalo hasta que esté mezclado. Incorpore la harina restante.

3. Vierta la pasta en los moldes y ponga un trozo de pera en cada uno. Cueza los cupcakes en el horno 20 minutos, hasta que suban y se doren. Déjelos reposar un par de minutos y, después, páselos a una rejilla metálica para que se enfríen del todo.

4. Para preparar la cobertura, caliente al baño María las claras de huevo y el azúcar en un cazo de doble fondo o en un bol refractario encajado en la boca de un cazo, y remueva hasta que el azúcar se disuelva. Apártelo del fuego y monte las claras 4 o 5 minutos. Añada la mantequilla, dos cucharadas cada vez, y siga batiéndolo hasta que las claras estén firmes. Agregue la vainilla y la canela, y bátalo hasta que esté mezclado. Introduzca la cobertura en una manga pastelera con boquilla de estrella y repártala en forma de remolino sobre los cupcakes.

5. Para adornar, divida el mazapán en 12 trozos y moldéelos en forma de pera. Píntelas con la purpurina comestible y pincheles un clavo a modo de rabillo. Adorne los cupcakes con las peras de mazapán.

Sugerencia

Reserve el líquido de escalfar la pera y redúzcalo hasta obtener un almíbar para rociar los pastelillos.

Cupcakes de caramelo a la sal

para 12 unidades

190 g/1½ tazas de harina

1½ cucharaditas de levadura en polvo

¼ de cucharadita de sal

120 g/1 barra de mantequilla ablandada

100 g/½ taza de azúcar

110 g/1 taza generosa de azúcar moreno

1 cucharadita de esencia de vainilla

1 cucharadita de esencia de café

2 huevos

125 ml/½ taza de leche

1 cucharadita de escamas de sal marina, para adornar

cobertura

120 g/1 barra de mantequilla ablandada

220 g/1 taza generosa de azúcar moreno

90 ml/⅓ de taza de nata (crema) extragrasa

½ cucharadita de sal

unos 190 g/1½-2½ tazas de azúcar glas (impalpable)

1. Precaliente el horno a 180 °C/350 °F y forre un molde para 12 magdalenas con moldes de papel.

2. Tamice la harina, la levadura y la sal en un bol. Bata la mantequilla con los dos tipos de azúcar en otro bol hasta obtener una crema espumosa. Sin dejar de batir, agregue las esencias de vainilla y café y, por último, los huevos de uno en uno. Añada la mitad de la harina y la leche y remueva. Incorpore la harina restante.

3. Vierta la pasta en los moldes y cueza los cupcakes en el horno precalentado 20 minutos, hasta que al pincharlos en el centro con una brocheta, salga limpia. Déjelos reposar un par de minutos y, después, páselos a una rejilla metálica para que se enfríen del todo.

4. Para preparar la cobertura, primero prepare una salsa de caramelo derritiendo la mantequilla en un cazo a fuego medio. Añada el azúcar moreno, la nata y la sal y cuézalo, sin dejar de remover, 4 minutos, hasta que el azúcar se disuelva del todo. Apártelo del fuego y déjelo enfriar.

5. Añada el azúcar glas a la salsa de caramelo y remueva hasta obtener una crema homogénea. Si fuera necesario, añada un poco más de azúcar glas hasta que la cobertura adquiera la consistencia adecuada para poder repartirla con la manga pastelera. Introduzca la cobertura en una manga pastelera con boquilla de estrella y repártala en forma de remolino sobre los cupcakes.

6. Adorne los pastelillos con las escamas de sal.

CAPÍTULO 3
DIVERTIDOS

Sandías

para 12 unidades

190 g/1½ tazas de harina

1½ cucharaditas de levadura
en polvo

¼ de cucharadita de sal

120 g/1 barra de mantequilla
ablandada

200 g/1 taza de azúcar

2 cucharaditas de esencia
de vainilla

2 huevos

125 ml/½ taza de leche

colorante alimentario rosa

90 g/½ taza de pepitas
de chocolate negro

cobertura

120 g/1 barra de mantequilla
ablandada

unos 250 g/2-2½ tazas de azúcar
glas (impalpable)

1 cucharada de leche

1 cucharadita de esencia
de vainilla

1 pizca de sal

colorante alimentario verde

1. Precaliente el horno a 180 °C/350 °F y forre
un molde para 12 magdalenas con moldes de papel.

2. Tamice la harina, la levadura y la sal en un bol.
Bata la mantequilla con el azúcar en otro bol hasta
obtener una crema blanquecina y espumosa. Sin
dejar de batir, agregue la vainilla y los huevos de
uno en uno. Añada la mitad de la harina y la leche
y remueva. Incorpore la harina restante. Deje caer
varias gotas de colorante rosa y bata hasta que
quede bien mezclado. Vaya añadiéndolo poco a
poco hasta obtener un color intenso. Incorpore las
pepitas de chocolate.

3. Vierta la pasta en los moldes y cueza los cupcakes
en el horno precalentado 20 minutos, hasta que
al pincharlos en el centro con una brocheta, salga
limpia. Déjelos reposar un par de minutos y,
después, páselos a una rejilla metálica para que
se enfríen del todo.

4. Para preparar la cobertura, bata en un bol con
las varillas eléctricas la mantequilla con el azúcar
glas, la leche, la vainilla y la sal hasta obtener una
crema. Si fuera necesario, añada un poco más de
azúcar glas hasta que la cobertura adquiera la
consistencia adecuada para poder repartirla con la
manga pastelera. Deje caer varias gotas de colorante
verde y remueva hasta que quede bien mezclado.
Vaya añadiéndolo poco a poco hasta obtener un
color intenso. Introduzca la cobertura en una manga
pastelera con boquilla de estrella y repártala en
forma de remolino sobre los cupcakes.

Sugerencia

Sustituya la esencia de vainilla de la pasta y la cobertura por cobertura para derretir con sabor a sandía.

Hamburguesas

para 12 unidades hamburguesas

60 g/¼ de taza y 2 cucharadas de harina

50 g/¼ de taza y 2 cucharadas de cacao en polvo

⅛ de cucharadita de levadura en polvo

1 pizca de sal

60 g/4 cucharadas de mantequilla ablandada, y un poco más para engrasar

150 g/¾ de taza de azúcar

1 cucharadita de esencia de vainilla

1 huevo

panecillos

190 g/1½ tazas de harina

1½ cucharaditas de levadura en polvo

¼ de cucharadita de sal

120 g/1 barra de mantequilla ablandada

200 g/1 taza de azúcar

2 cucharaditas de esencia de vainilla

2 huevos

125 ml/½ taza de leche

1. Precaliente el horno a 180 °C/350 °F y forre dos moldes para 12 magdalenas cada uno con moldes de papel.

2. Para preparar las hamburguesas, tamice la harina, el cacao, la levadura y la sal en un bol. Bata la mantequilla con el azúcar en otro bol hasta obtener una crema blanquecina y espumosa. Añada la vainilla y, después, incorpore el huevo. Vierta poco a poco la harina sin dejar de remover hasta obtener una pasta. Repártala entre uno de los moldes. Cueza los cupcakes en el horno precalentado 20 minutos, hasta que al pincharlos en el centro con una brocheta, salga limpia. Déjelos reposar 5 minutos y, después, páselos a una rejilla metálica para que se enfríen del todo. Cuando se hayan enfriado, recórtelos con un cortapastas redondo de 5 cm/2 pulgadas.

3. Para preparar los panecillos, tamice la harina, la levadura y la sal en un bol. Bata la mantequilla con el azúcar en otro bol hasta obtener una crema blanquecina y espumosa. Sin dejar de batir, agregue la vainilla y los huevos de uno en uno. Añada la mitad de la harina y la leche y remueva. Incorpore la harina restante.

4. Vierta la pasta en el otro molde y cueza los cupcakes en el horno 20 minutos, hasta que al pincharlos en el centro con una brocheta, salga limpia. Déjelos reposar un par de minutos y, después, páselos a una rejilla metálica para que se enfríen del todo.

condimentos

120 g/1 barra de mantequilla
ablandada

unos 250 g/2-2½ tazas de azúcar
glas (impalpable)

1 cucharada de leche

1 cucharadita de esencia de vainilla

1 pizca de sal

colorante alimentario rojo

colorante alimentario amarillo

para adornar

colorante alimentario verde

75 g/¾ de taza de coco rallado
sin azúcar añadido

miel

semillas de sésamo

5. Para preparar los condimentos, bata con las varillas eléctricas la mantequilla con el azúcar glas, la leche, la vainilla y la sal en un bol hasta obtener una crema. Si fuera necesario, añada un poco más de azúcar glas hasta que la cobertura adquiera consistencia. Repártala entre 2 boles. Incorpore varias gotas de colorante rojo a una porción: esto será el kétchup. Incorpore unas cuantas gotas de colorante amarillo a la otra poción: esto será la mostaza. Rellene unos biberones pequeños o unas mangas pasteleras con boquillas lisas pequeñas con la crema de mantequilla de colores.

6. Para simular la lechuga, tiña el coco con un par de gotas de colorante verde.

7. Parta los cupcakes por la mitad a lo ancho para obtener las dos mitades de los panecillos. Ponga las hamburguesas en las mitades inferiores. Reparta la crema de mantequilla roja y amarilla por encima y añada un poco de coco teñido de verde. Tápelas con la otra mitad de los panecillos y píntelos con una fina capa de miel. Esparza las semillas de sésamo por encima y sírvalos.

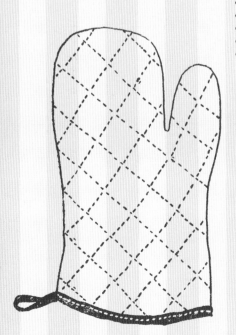

Sugerencia

Sirva estas deliciosas hamburguesas con
«patatas fritas» hechas con bizcocho
a la vainilla troceado y rebozado
con azúcar.

Chupitos

para 16 unidades

150 g/1¼ tazas de harina

1 cucharadita de levadura en polvo

55 g/½ taza de almendra molida

180 g/1½ barras de mantequilla ablandada

175 g/¾ de taza y 2 cucharadas de azúcar

1 cucharadita de esencia de vainilla

3 huevos un poco batidos

cobertura

120 g/1 barra de mantequilla ablandada

unos 175 g/1¾ tazas de azúcar glas (impalpable)

1 cucharada de nata (crema) extragrasa

1. Precaliente el horno a 180 °C/350 °F y forre un molde para 8 magdalenas con moldes de papel.

2. Tamice la harina, la levadura y la almendra molida en un bol. Bata la mantequilla con el azúcar en otro bol hasta obtener una crema blanquecina y espumosa. Sin dejar de batir, agregue la vainilla y los huevos de uno en uno. Añada la mitad de la harina y remueva. Incorpore la harina restante.

3. Vierta la pasta en los moldes y cueza los cupcakes en el horno precalentado 20 minutos. Déjelos reposar un par de minutos y, después, páselos a una rejilla metálica para que se enfríen del todo.

4. Para preparar la cobertura, bata en un bol con las varillas eléctricas la mantequilla con el azúcar glas y la nata hasta obtener una crema. Si fuera necesario, añada un poco más de azúcar glas hasta que la cobertura adquiera la consistencia adecuada para poder repartirla con la manga pastelera. Introduzca la cobertura en una manga pastelera con boquilla de estrella pequeña.

5. Desmenuce los cupcakes en un bol. Repártalos entre 16 vasos transparentes de chupito hasta llenarlos tres cuartas partes. Añada la cobertura en forma de remolino y sírvalos.

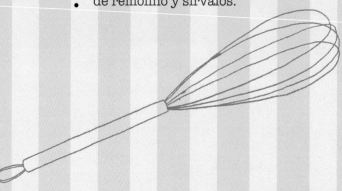

Sugerencia

Esta receta básica se puede preparar
con otros ingredientes para la pasta
y la cobertura.

Tazas de chocolate

para 12 unidades

60 g/½ taza de harina

40 g/¼ de taza de cacao en polvo

¾ de cucharadita de levadura en polvo

1 pizca de sal

60 g/4 cucharadas de mantequilla ablandada, y un poco más para engrasar

100 g/½ taza de azúcar

1 cucharadita de esencia de vainilla

1 huevo

4 cucharadas de nata (crema) extragrasa

350 g/12 onzas de chocolate blanco para cobertura troceado, para adornar

36 nubes de azúcar pequeñas, para adornar

ganache de chocolate

225 g/8 onzas de chocolate negro troceado

125 ml/½ taza de nata (crema) extragrasa

1 cucharada de jarabe de maíz

cobertura

1 clara de huevo

50 g/¼ de taza de azúcar

210 g/1¼ barras de mantequilla ablandada

1 cucharadita de esencia de vainilla

1. Precaliente el horno a 180 °C/350 °F y engrase un poco un molde para 12 minimagdalenas.

2. Tamice la harina, el cacao, la levadura y la sal en un bol. Bata la mantequilla con el azúcar en otro bol hasta obtener una crema blanquecina y espumosa. Agregue la vainilla y el huevo y remueva un poco. Añada la mitad de la harina y la nata, y bátalo hasta que esté mezclado. Incorpore la harina restante.

3. Vierta la pasta en el molde y cueza los cupcakes en el horno precalentado 15 minutos, hasta que al pincharlos en el centro con una brocheta, salga limpia. Déjelos reposar un par de minutos y, después, páselos a una rejilla metálica para que se enfríen del todo.

4. Para preparar las tazas de chocolate blanco, caliente al baño María el chocolate en un cazo de doble fondo o en un bol refractario encajado en la boca de un cazo, y remueva hasta que se derrita.

5. Vierta un poco de chocolate derretido en un molde de papel en el que quepa uno de los minicupcakes. Vaya inclinándolo despacio, extendiendo el chocolate con el dorso de una cuchara por la base y hasta media altura de las paredes. Siga inclinando el molde hasta que el chocolate empiece a cuajar, lo que puede ser cuestión de minutos. Refrigérelo hasta que cuaje del todo. Repita la operación hasta obtener 12 moldes recubiertos de chocolate. Cuando haya cuajado, separe el papel del chocolate, despegándolo con cuidado si fuera necesario. Refrigérelo.

6. Para preparar la ganache de chocolate, caliente al baño María el chocolate y la nata en un cazo de doble fondo o en un bol refractario encajado en la boca de un cazo, y remueva hasta que el chocolate se derrita. Incorpore el jarabe de maíz. Apártelo del fuego y déjelo enfriar hasta que se espese un poco.

7. Para preparar la cobertura, caliente al baño María la clara de huevo y el azúcar en un cazo de doble fondo o en un bol refractario encajado en la boca de un cazo, y remueva hasta que el azúcar se disuelva del todo. Apártelo del fuego y bata la clara 4 o 5 minutos. Añada la mantequilla, dos cucharadas cada vez, y siga batiéndolo hasta que la clara esté firme. Agregue la vainilla y bátalo hasta que esté mezclado. Introduzca la cobertura en una manga pastelera con boquilla de estrella.

8. Ponga un cupcake dentro de cada recipiente de chocolate. Extienda una capa de ganache sobre los cupcakes. Reparta la cobertura como si fuera nata montada y adorne los cupcakes con tres nubes de azúcar cada uno.

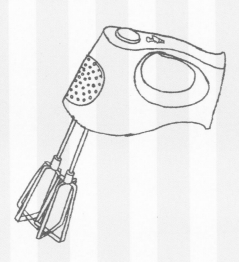

Sugerencia

En lugar de hacer el recipiente de chocolate blanco, sirva los minicupcakes en una taza de café cubiertos con la ganache.

Divertidos
Capítulo 3

Cupcakes de helado

para 18 unidades
cupcakes de fresa y de vainilla

190 g/1½ tazas de harina

1½ cucharaditas de levadura en polvo

¼ de cucharadita de sal

120 g/1 barra de mantequilla ablandada

200 g/1 taza de azúcar

2 cucharaditas de esencia de vainilla

2 huevos

125 ml/½ de taza de leche

colorante alimentario rosa

85 g/½ taza de fresas (frutillas) en daditos

cupcakes de chocolate

60 g/½ taza de harina

50 g/¼ de taza y 2 cucharadas de cacao en polvo

¾ de cucharadita de levadura en polvo

1 pizca de sal

60 g/4 cucharadas de mantequilla ablandada

100 g/½ taza de azúcar

1 cucharadita de esencia de vainilla

1 huevo

4 cucharadas de nata (crema) extragrasa

1. Precaliente el horno a 180 °C/350 °F y forre un molde para 12 magdalenas con moldes de papel.

2. Para preparar los cupcakes de vainilla, tamice la harina, la levadura y la sal en un bol. Bata la mantequilla con el azúcar en otro bol hasta obtener una crema blanquecina y espumosa. Sin dejar de batir, agregue la vainilla y los huevos de uno en uno. Añada la mitad de la harina y la leche y remueva. Incorpore la harina restante.

3. Reparta la mitad de la pasta entre 6 moldes de papel.

4. Para preparar los cupcakes de fresa, tiña la pasta restante con unas gotas de colorante rosa. Incorpore las fresas. Reparta la pasta entre los otros 6 moldes de papel.

5. Cueza los cupcakes en el horno precalentado 20 minutos, hasta que al pincharlos en el centro con una brocheta, salga limpia. Déjelos reposar un par de minutos y, después, páselos a una rejilla metálica para que se enfríen del todo.

6. Coloque 6 moldes de papel en los huecos de un molde para 12 magdalenas.

7. Para preparar los cupcakes de chocolate, tamice en un bol la harina, el cacao, la levadura y la sal. Bata la mantequilla con el azúcar en otro bol hasta obtener una crema blanquecina y espumosa. Agregue la vainilla y el huevo y remueva un poco. Añada la mitad de la harina y la nata, y bátalo hasta que esté mezclado. Incorpore la harina restante.

cobertura

3 claras de huevo

150 g/¾ de taza de azúcar

240 g/2 barras de mantequilla ablandada

1 cucharadita de esencia de vainilla

1 pizca de sal

salsa de chocolate

55 g/2 onzas de chocolate negro troceado

3 cucharadas de nata (crema) extragrasa

15 g/1 cucharada de mantequilla

1 pizca de sal

para rellenar y adornar

450 g/1 pinta de helado ablandado

60 g/½ taza de frutos secos variados picados

18 cerezas al marrasquino

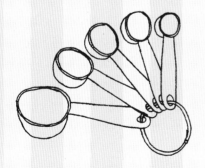

8. Vierta la pasta en los moldes y cueza los cupcakes en el horno precalentado 20 minutos, hasta que al pincharlos en el centro con una brocheta, salga limpia. Déjelos reposar un par de minutos y, después, páselos a una rejilla metálica para que se enfríen del todo.

9. Retire la parte central de los cupcakes con un descorazonador. Rellénelos con el helado. Reserve los cupcakes en el congelador hasta que vaya a añadirles la cobertura.

10. Para preparar la cobertura, caliente al baño María las claras de huevo y el azúcar en un cazo de doble fondo o en un bol refractario encajado en la boca de un cazo, y remueva hasta que el azúcar se disuelva del todo. Apártelo del fuego y monte las claras 4 o 5 minutos. Añada la mantequilla, dos cucharadas cada vez, y siga batiéndolo hasta que las claras estén firmes. Agregue la vainilla y la sal, y bátalo hasta que esté mezclado. Introduzca la cobertura en una manga pastelera con boquilla de estrella.

11. Para preparar la salsa de chocolate, caliente al baño María el chocolate, la nata, la mantequilla y la sal en un cazo de doble fondo o en un bol refractario encajado en la boca de un cazo, y remueva hasta que el chocolate se derrita. Déjelo reposar al menos 15 minutos.

12. Reparta la cobertura en forma de remolino sobre los cupcakes enfriados. Para adornarlos, rocíelos con un hilo de salsa de chocolate y los frutos secos picados. Ponga una cereza en cada uno y sírvalos.

Sugerencia

Como alternativa a la cobertura, llene una manga pastelera con helado ablandado y repártalo sobre los cupcakes antes de servirlos.

Plantitas

para 12 unidades

125 g/1 taza de harina

60 g/¾ de taza de cacao en polvo

1 cucharadita de levadura en polvo

¼ de cucharadita de sal

120 g/1 barra de mantequilla ablandada

200 g/1 taza de azúcar

2 cucharaditas de esencia de vainilla

2 huevos

125 ml/½ taza de nata (crema) extragrasa

cobertura

120 g/1 barra de mantequilla ablandada

unos 190/1½-2 tazas de azúcar glas (impalpable)

40 g/¼ de taza de cacao en polvo

1 cucharada de leche

¼ de cucharadita de sal

1 cucharadita de esencia de vainilla

para adornar

115 g/4 onzas de barquillos de chocolate desmenuzados

225 g/8 onzas de cobertura verde para derretir

1. Precaliente el horno a 180 °C/350 °F y forre un molde para 12 magdalenas con moldes de papel.

2. Tamice la harina, el cacao, la levadura y la sal en un bol. Bata la mantequilla con el azúcar en otro bol hasta obtener una crema blanquecina y espumosa. Sin dejar de batir, agregue la vainilla y los huevos de uno en uno. Añada la mitad de la harina y la nata, y bátalo hasta que esté mezclado. Incorpore la harina restante.

3. Vierta la pasta en los moldes y cueza los cupcakes en el horno precalentado 20 minutos, hasta que al pincharlos en el centro con una brocheta, salga limpia. Déjelos reposar un par de minutos y, después, páselos a una rejilla metálica para que se enfríen del todo.

4. Para preparar la cobertura, bata en un bol con las varillas eléctricas la mantequilla con el azúcar glas, el cacao, la leche, la sal y la vainilla hasta obtener una crema. Si fuera necesario, añada un poco más de azúcar glas hasta que la cobertura adquiera consistencia.

5. Extienda la cobertura sobre los cupcakes con una espátula. Ponga los barquillos desmenuzados en un plato llano y reboce la parte superior de los pastelillos.

6. Derrita la cobertura verde según las indicaciones del envase y pásela a una manga pastelera con una boquilla redonda pequeña. Dibuje 12 brotes vegetales en una hoja de papel vegetal. Refrigérelos para que se endurezcan. Sirva los cupcakes adornados con los brotes.

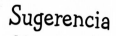

Sugerencia

Si lo prefiere, modele las plantitas con fondant verde en lugar de hacerlas con cobertura.

Divertidos
Capítulo 3

Patos buceadores

para 12 unidades

190 g/1½ tazas de harina

1½ cucharaditas de levadura en polvo

¼ de cucharadita de sal

120 g/1 barra de mantequilla ablandada

200 g/1 taza de azúcar

2 cucharaditas de esencia de vainilla

2 huevos

125 ml/½ de taza de leche

cobertura

120 g/1 barra de mantequilla ablandada

unos 250 g/2-2½ tazas de azúcar glas (impalpable)

1 cucharada de leche

1 cucharadita de esencia de vainilla

1 pizca de sal

para adornar

6 nubes de azúcar

colorante alimentario amarillo

colorante alimentario rojo

55 g/2 onzas de mazapán (pasta de almendra)

225 g/8 onzas de cobertura amarilla para derretir

2 cucharadas de aceite vegetal

1. Precaliente el horno a 180 °C/350 °F y forre un molde para 12 magdalenas con moldes de papel.

2. Tamice la harina, la levadura y la sal en un bol. Bata la mantequilla con el azúcar en otro bol hasta obtener una crema blanquecina y espumosa. Sin dejar de batir, agregue la vainilla y los huevos de uno en uno. Añada la mitad de la harina y la leche y remueva. Incorpore la harina restante.

3. Vierta la pasta en los moldes y cueza los cupcakes en el horno precalentado 20 minutos, hasta que al pincharlos en el centro con una brocheta, salga limpia. Déjelos reposar un par de minutos y páselos a una rejilla metálica para que se enfríen del todo.

4. Para preparar la cobertura, bata en un bol con las varillas eléctricas la mantequilla con el azúcar glas, la leche, la vainilla y la sal hasta obtener una crema. Si fuera necesario, añada un poco más de azúcar glas hasta que la cobertura adquiera consistencia. Extienda la cobertura sobre los cupcakes con una espátula.

5. Para hacer las colas de los patos, parta las nubes de azúcar por la mitad al bies para obtener 12 trozos planos por un lado y puntiagudos por el otro. Coloque media nube en el centro de cada pastelillo de modo que la parte puntiaguda quede hacia arriba. Déjelos enfriar de 10 a 15 minutos en el congelador, o hasta que se endurezcan.

6. Para hacer las patas, trabaje el mazapán con 4 gotas de colorante amarillo y 2 de rojo hasta obtener un color uniforme. Vaya añadiéndolo poco a poco hasta obtener un color naranja fuerte.

7. Forme con un trocito de mazapán una bola del tamaño de un guisante. Estírelo por un lado para simular la pata (2,5 cm/1 pulgada de largo) y aplánela por el otro para hacer la membrana. Dibuje las separaciones de esta última con un palillo. Repita la operación hasta obtener 24 patas.

8. Derrita la cobertura amarilla con el aceite en el microondas según las indicaciones del envase.

9. Saque los cupcakes del congelador. Sujetando un pastelillo por la base, sumerja la parte superior en la cobertura de modo que quede bien cubierta. Después, sosténgalo en la misma posición invertida para que caiga la cobertura que no se haya adherido. Ponga el cupcake del derecho en un plato. Antes de que la cobertura cuaje del todo, haga dos agujeros en cada cupcake, debajo de la nube, e inserte las patas de mazapán. A medida que termine de adornar los cupcakes, métalos en el congelador. Repita la operación hasta que recubra y adorne todos los pastelillos. Déjelos en el congelador unos 5 minutos, hasta que la cobertura cuaje. Sírvalos.

Cupcakes de palomitas

para 12 unidades

125 ml/½ de taza de leche

10 g/1 taza de palomitas de maíz, y 40 g/4½ tazas más para adornar

190 g/1½ tazas de harina

1½ cucharaditas de levadura en polvo

¼ de cucharadita de sal

120 g/1 barra de mantequilla ablandada

100 g/½ taza de azúcar

100 g/1 taza generosa de azúcar moreno

2 cucharaditas de esencia de vainilla

2 huevos

caramelo

400 g/2 tazas de azúcar

55 g/¼ de taza de jarabe de maíz

¼ de cucharadita de crémor

125 ml/½ taza de agua

60 g/½ barra de mantequilla

225 ml/1 taza de nata (crema) extragrasa

2 cucharaditas de esencia de vainilla

½ cucharadita de sal

1. Precaliente el horno a 180 °C/350 °F y forre un molde para 12 magdalenas con moldes de papel.

2. Caliente la leche en un cazo hasta que hierva. Eche las palomitas y aparte el cazo del fuego. Déjelo reposar 10 minutos y, después, tritúrelo en el robot de cocina. Déjelo enfriar.

3. Tamice la harina, la levadura y la sal en un bol. Bata la mantequilla con los dos tipos de azúcar en otro bol hasta obtener una crema blanquecina y espumosa. Sin dejar de batir, agregue la vainilla y los huevos de uno en uno. Añada la mitad de la harina y las palomitas trituradas y remueva. Incorpore la harina restante.

4. Vierta la pasta en los moldes y cueza los cupcakes en el horno precalentado 20 minutos. Déjelos reposar un par de minutos y, después, páselos a una rejilla metálica para que se enfríen del todo.

5. Para preparar el caramelo, caliente en un cazo a fuego medio el azúcar con el jarabe de maíz, el crémor y el agua, sin dejar de remover, hasta que el azúcar se disuelva. Suba el fuego un poco, llévelo a ebullición y cuézalo, sin remover, de 8 a 10 minutos. Aparte el cazo del fuego e incorpore la mantequilla y, después, la nata. Añada la vainilla y la sal, remueva con cuidado y déjelo enfriar 5 minutos.

6. Vierta una cucharada del caramelo sobre cada pastelillo y extiéndalo para que quede bien cubierto. Mezcle el caramelo restante con las palomitas reservadas para adornar. Disponga una cucharada de palomitas caramelizadas sobre cada cupcake. Déjelos enfriar y sírvalos.

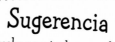

Sugerencia

Pruebe a rociar los cupcakes con chocolate negro derretido, el complemento perfecto para el dulzor del caramelo.

Divertidos
Capítulo 3

Leones

para 12 unidades

190 g/1½ tazas de harina

1½ cucharaditas de levadura en polvo

¼ de cucharadita de sal

120 g/1 barra de mantequilla ablandada

200 g/1 taza de azúcar

2 cucharaditas de esencia de vainilla

2 huevos

125 ml/½ taza de leche

250 g/9 onzas de fondant amarillo y glaseado negro para escribir, para adornar

cobertura

240 g/2 barras de mantequilla ablandada

unos 425 g/3½-4 tazas de azúcar glas (impalpable)

2 cucharadas de leche

2 cucharaditas de esencia de vainilla

1 cucharadita de canela molida

colorante alimentario naranja

1. Precaliente el horno a 180 °C/350 °F y forre un molde para 12 magdalenas con moldes de papel.

2. Tamice la harina, la levadura y la sal en un bol. Bata la mantequilla con el azúcar en otro bol hasta obtener una crema blanquecina y espumosa. Sin dejar de batir, agregue la vainilla y los huevos de uno en uno. Añada la mitad de la harina y la leche y remueva. Incorpore la harina restante.

3. Vierta la pasta en los moldes y cueza los cupcakes en el horno precalentado 20 minutos, hasta que al pincharlos en el centro con una brocheta, salga limpia. Déjelos reposar un par de minutos y, después, páselos a una rejilla metálica para que se enfríen del todo.

4. Para preparar la cobertura, bata en un bol con las varillas eléctricas la mantequilla con el azúcar glas, la leche, la vainilla, la canela y unas gotas de colorante naranja hasta obtener una crema. Si fuera necesario, añada un poco más de azúcar glas hasta que la cobertura adquiera la consistencia adecuada para poder repartirla con la manga pastelera.

5. Introduzca la cobertura en una manga pastelera con boquilla de estrella. Repártala en forma de líneas serpenteantes sobre los cupcakes, arrastrando los extremos para que parezca la melena de un león.

6. Para hacer los adornos, divida el fondant en 12 porciones. Separe 4 trocitos de una porción y resérvelos. Moldee el resto de la porción en forma de corazón y póngalo en el centro de un cupcake. Con los trocitos reservados, forme las orejas y las mejillas del león.

7. Agujeree las mejillas con un palillo, como si fueran los bigotes. Dibuje los ojos, la nariz y la boca con el glaseado. Deje que cuaje.

8. Repita la operación con el fondant y los cupcakes restantes. Sírvalos.

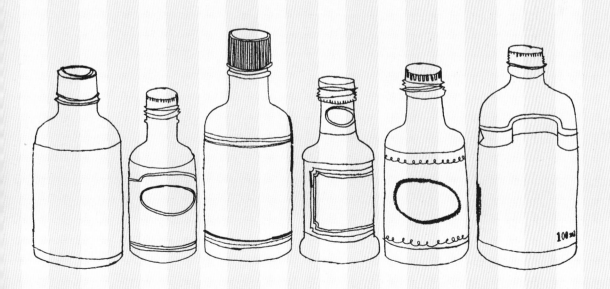

Flamencos

para 12 unidades

190 g/1½ tazas de harina

1½ cucharaditas de levadura
en polvo

¼ de cucharadita de sal

120 g/1 barra de mantequilla
ablandada

200 g/1 taza de azúcar

2 cucharaditas de esencia
de vainilla

2 huevos

125 ml/½ taza de leche

cobertura

120 g/1 barra de mantequilla
ablandada

unos 250 g/2-2½ tazas de
azúcar glas (impalpable)

1 cucharada de leche

1 cucharadita de esencia
de vainilla

1 pizca de sal

colorante alimentario azul

para adornar

colorante alimentario rosa

225 g/8 onzas de pasta
de azúcar para modelar a
temperatura ambiente

maicena, para espolvorear

rotulador de tinta
comestible negra

pegamento comestible
para fondant

azúcar cristalizado rosa

1. Para hacer los flamencos, trabaje la pasta de azúcar para modelar con varias gotas de colorante rosa y extiéndala en la encimera espolvoreada con un poco de maicena hasta que adquiera un color uniforme. Vaya añadiéndolo poco a poco hasta obtener un color rosa fuerte.

2. Divida la pasta de azúcar en 3 trozos y extienda uno de ellos en una lámina de 2,5 mm/$^1/_8$ de pulgada. Recorte 4 flamencos con un cortapastas de 6 cm/2½ pulgadas. Repita la operación con la pasta restante. Deje secar los adornos toda la noche.

3. Cuando la pasta de azúcar se haya endurecido, dibuje el ojo y el pico a los flamencos con el rotulador. Con un pincel pequeño, extienda una fina capa de pegamento en forma de ala por el mismo lado. Esparza el azúcar cristalizado por encima y deje que se endurezca.

4. Precaliente el horno a 180 °C/350 °F y forre un molde para 12 magdalenas con moldes de papel.

5. Tamice la harina, la levadura y la sal en un bol. Bata la mantequilla con el azúcar en otro bol hasta obtener una crema blanquecina y espumosa. Sin dejar de batir, agregue la vainilla y los huevos de uno en uno. Añada la mitad de la harina y la leche y remueva. Incorpore la harina restante.

6. Vierta la pasta en los moldes y cueza los cupcakes en el horno precalentado 20 minutos, hasta que al pincharlos en el centro con una brocheta, salga limpia. Déjelos reposar un par de minutos y, después, páselos a una rejilla metálica para que se enfríen del todo.

7. Para preparar la cobertura, bata en un bol con las varillas eléctricas la mantequilla con el azúcar glas, la leche, la vainilla y la sal hasta obtener una crema. Si fuera necesario, añada un poco más de azúcar glas hasta que la cobertura adquiera la consistencia adecuada para poder repartirla con la manga pastelera. Deje caer unas gotas de colorante azul y remueva hasta que quede bien mezclado. Añada poco a poco más colorante hasta obtener el color deseado. Introduzca la cobertura en una manga pastelera con boquilla de estrella.

8. Reparta la cobertura sobre los cupcakes, adórnelos con los flamencos y sírvalos.

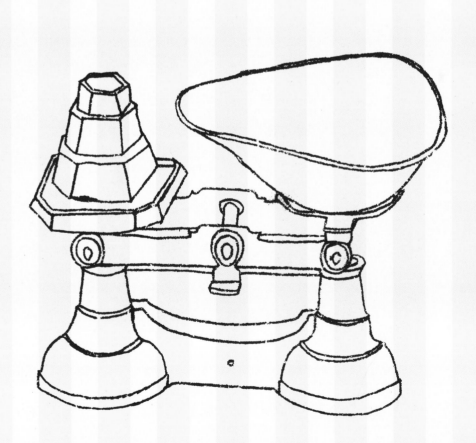

Sugerencia

Si los flamencos no se sostienen derechos, pégueles un palillo con un poco de fondant o de pasta de azúcar para modelar detrás de la pata.

Osos polares

para 12 unidades

190g/1½ tazas de harina

1½ cucharaditas de levadura en polvo

¼ de cucharadita de sal

120 g/1 barra de mantequilla ablandada

200 g/1 taza de azúcar

2 cucharaditas de esencia de coco

2 huevos

125 ml/½ taza de leche de coco

cobertura

2 claras de huevo

100 g/½ taza de azúcar

210 g/1¼ barras de mantequilla ablandada

1 cucharadita de esencia de coco

2 cucharadas de crema de coco o leche y nata (crema) líquida a partes iguales

1 pizca de sal

para adornar

12 nubes de azúcar blancas

225 g/3 tazas de coco rallado sin azúcar añadido

250 g/9 onzas de fondant blanco

12 bolitas de chocolate

glaseado marrón para escribir

1. Precaliente el horno a 180 °C/350 °F y forre un molde para 12 magdalenas con moldes de papel.

2. Tamice la harina, la levadura y la sal en un bol. Bata la mantequilla con el azúcar en otro bol hasta obtener una crema blanquecina y espumosa. Sin dejar de batir, agregue la esencia de coco y los huevos de uno en uno. Añada la mitad de la harina y la leche y remueva. Incorpore la harina restante.

3. Vierta la pasta en los moldes y cueza los cupcakes en el horno precalentado 20 minutos, hasta que al pincharlos en el centro con una brocheta, salga limpia. Déjelos reposar un par de minutos y, después, páselos a una rejilla metálica para que se enfríen del todo.

4. Para preparar la cobertura, caliente al baño María las claras de huevo y el azúcar en un cazo de doble fondo o en un bol refractario encajado en la boca de un cazo, y remueva hasta que el azúcar se disuelva del todo. Apártelo del fuego y monte las claras 4 o 5 minutos, hasta que estén a punto de nieve. Añada la mantequilla, dos cucharadas cada vez, y siga batiéndolo hasta que las claras estén firmes. Agregue la esencia y la crema de coco y la sal, y bátalo hasta que esté mezclado.

5. Extienda la cobertura sobre los cupcakes con una espátula. Ponga una nube de azúcar encima de cada uno, a un lado. Cubra la nube y rodee la base con cobertura para que no se note la separación.

6. Ponga el coco rallado en un cuenco. Sosteniendo un cupcake encima del cuenco, vaya esparciendo el coco por encima, presionándolo si fuera necesario, para que quede bien adherido a la cobertura y la nube.

7. Para hacer los adornos, divida el fondant en 12 porciones. Divida una de las porciones en 6 trozos. Modele 2 de ellos en forma de óvalo para formar las patas posteriores y 2 en forma de círculo para hacer las anteriores. Colóquelos a los cuatro lados del pastelillo. Modele la cara con otro trozo y póngala en el lugar correspondiente. Divida el fondant restante en 2 trozos para hacer las orejas.

8. Coloque una bolita de chocolate sobre la cara como si fuera el hocico. Dibuje los ojos y otros detalles con el glaseado. Deje que se seque.

9. Repita la operación con el fondant y los cupcakes restantes. Sírvalos.

Sugerencia

En lugar de espolvorear los osos con
coco rallado, enfríelos unos minutos
en el congelador y recúbralos con
cobertura blanca.

Cactus

para 12 unidades

190 g/1½ tazas de harina

1½ cucharaditas de levadura en polvo

¼ de cucharadita de sal

120 g/1 barra de mantequilla ablandada

200 g/1 taza de azúcar

2 cucharaditas de esencia de vainilla

2 huevos

la ralladura y el zumo de 1 lima (limón)

125 ml/½ taza de leche

cobertura

120 g/1 barra de mantequilla ablandada

unos 250 g/2-2½ tazas de azúcar glas (impalpable)

1 cucharada de zumo de lima (limón)

1 cucharadita de ralladura de lima (limón)

para adornar

colorante alimentario verde

350 g/12 onzas de pasta de azúcar para modelar

maicena, para espolvorear

colorante alimentario rosa

pegamento comestible para fondant

azúcar cristalizado verde

115 g/1 taza de galletas integrales o de jengibre trituradas

1. Para hacer los cactus, trabaje 280 g/10 onzas de la pasta de azúcar con unas gotas de colorante verde y extiéndala en la encimera espolvoreada con un poco de maicena hasta que adquiera un color uniforme. Extiéndala en una lámina fina y recorte 12 cactus. Deje que se sequen. Tiña la pasta de azúcar restante con unas gotas de colorante rosa y extiéndala fina. Corte unas 60 florecitas y deje que se sequen.

2. Cuando las figuritas de azúcar se hayan endurecido, pinte los cactus con el pegamento y esparza el azúcar cristalizado por encima. Pegue las flores con un poco de pegamento. Resérvelo. Precaliente el horno a 180 °C/350 °F y forre un molde para 12 magdalenas con moldes de papel.

3. Tamice la harina, la levadura y la sal en un bol. Bata la mantequilla con el azúcar en otro bol hasta obtener una crema blanquecina y espumosa. Sin dejar de batir, agregue la vainilla y los huevos de uno en uno. Añada la ralladura y el zumo de lima y remueva. Agregue la mitad de la harina y la leche y remueva. Incorpore la harina restante.

4. Vierta la pasta en los moldes de papel y cueza los cupcakes en el horno 20 minutos. Déjelos reposar un par de minutos y, después, páselos a una rejilla metálica para que se enfríen del todo.

5. Para preparar la cobertura, bata en un bol con las varillas eléctricas la mantequilla con el azúcar glas y el zumo y la ralladura de lima. Si fuera necesario, añada un poco más de azúcar glas.

6. Extienda la cobertura sobre los cupcakes. Esparza las galletas trituradas y coloque los cactus.

CAPÍTULO 4
DE MIEDO

Sesos

para 12 unidades

90 g/¾ de taza de harina

¾ de cucharadita de levadura
en polvo

1 pizca de sal

60 g/4 cucharadas
de mantequilla ablandada,
y un poco más para engrasar

100 g/½ taza de azúcar

1 cucharadita de esencia
de vainilla

1 huevo

4 cucharadas de leche

cobertura

60 g/4 cucharadas de
mantequilla ablandada

unos 125 g/1-1½ tazas de
azúcar glas (impalpable)

1 cucharada de leche

½ cucharadita de esencia
de vainilla

1 pizca de sal

relleno

160 g/¼ de taza de confitura,
mermelada o compota de
fresa (frutilla) o frambuesa

para adornar

225 g/8 onzas de chocolate
blanco para cobertura
troceado

1 cucharada de aceite vegetal

colorante alimentario rosa
y negro

1. Precaliente el horno a 180°C/350°F. Unte con mantequilla un molde cuadrado de 20 cm/ 8 pulgadas de lado y forre la base con papel vegetal.

2. Tamice la harina, la levadura y la sal en un bol. Bata la mantequilla con el azúcar en otro bol hasta obtener una crema blanquecina y espumosa. Agregue la vainilla y el huevo y remueva. Añada la mitad de la harina y la leche y mézclelo. Incorpore la harina restante.

3. Vierta la pasta en el molde y alísela con una espátula. Cueza el bizcocho en el horno precalentado de 18 a 20 minutos, hasta que al pincharlo en el centro con una brocheta, salga limpia. Déjelo reposar un par de minutos y, después, páselo a una rejilla metálica para que se enfríe del todo.

4. Para preparar la cobertura, bata la mantequilla en un bol con las varillas eléctricas hasta que quede untuosa. Añada el azúcar glas, la leche, la vainilla y la sal. Bátalo hasta que esté mezclado. Si fuera necesario, añada un poco más de azúcar glas hasta que la cobertura adquiera la consistencia adecuada para poder repartirla con la manga pastelera.

5. Desmenuce el bizcocho en el bol con la cobertura, frotándolo entre las manos para que no queden trozos grandes. Mézclelo bien y refrigérelo al menos 30 minutos.

6. Para hacer los «sesos», tome una porción del bizcocho con cobertura del tamaño de una nuez y dele forma de bola. Realice una hendidura profunda en el centro con el dedo índice y rellénela con 1 cucharadita de la confitura. Tape la abertura con un poco de bizcocho con cobertura, rehaga la bola y dele una forma algo alargada. Con un palillo, trace un surco en el centro para formar los dos hemisferios. Páselo a la bandeja y repita la operación hasta obtener 12 unidades. Refrigérelas unos 30 minutos.

7. Para los adornos, caliente al baño María el chocolate y el aceite en un cazo de doble fondo o en un bol refractario encajado en la boca de un cazo, y remueva hasta que el chocolate se derrita. Añada un par de gotas de colorante rosa y una de negro y mézclelo bien hasta que el chocolate se tiña. Si fuera necesario, rectifique de colorantes hasta obtener un color rosa grisáceo.

8. Sumerja un «seso» en el chocolate ayudándose de dos tenedores. Déjelo escurrir hasta que no gotee y devuélvalo a la bandeja. Repita la operación hasta obtener 12 unidades. Refrigérelos unos 30 minutos, hasta que cuaje el chocolate.

9. Recaliente el chocolate blanco que haya sobrado en un bol refractario encajado en un cazo con agua hirviendo, sin que llegue a tocarla. Introdúzcalo en una manga pastelera. Saque los «sesos» del frigorífico y corte la punta de la manga. Reparta el chocolate de forma sinuosa por encima. Refrigérelos de nuevo hasta que el chocolate haya cuajado. Sírvalos.

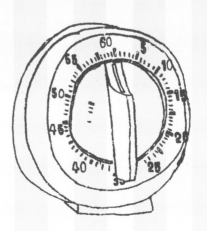

Sugerencia

Utilice chocolate para cobertura, que confiere un acabado satinado y crujiente a los postres.

127

Manzanas podridas

para 12 unidades

190 g/1½ tazas de harina

1½ cucharaditas de levadura en polvo

1 cucharadita de jengibre molido

1 cucharadita de canela molida

1 pizca de nuez moscada molida

¼ de cucharadita de sal

120 g/1 barra de mantequilla ablandada

200 g/1 taza de azúcar

1 cucharadita de esencia de vainilla

2 huevos

115 g/½ taza de compota de manzana

relleno

350 g/¾ de taza de compota de manzana

50 g/¼ de taza generoso de azúcar moreno

1 cucharada de harina

¾ de cucharadita de canela molida

cobertura

240 g/2 barras de mantequilla ablandada

unos 425 g/3½-4 tazas de azúcar glas (impalpable)

2 cucharadas de leche

2 cucharaditas de esencia de vainilla

1 cucharadita de canela molida

colorante alimentario rojo

para adornar

azúcar cristalizado rojo, fondant verde y marrón, y 12 gominolas en forma de gusano

1. Precaliente el horno a 180°C/350°F y forre un molde para 12 magdalenas con moldes de papel.

2. Tamice en un bol la harina, la levadura, el jengibre, la canela, la nuez moscada y la sal. Bata en otro bol la mantequilla con el azúcar hasta obtener una crema blanquecina y espumosa. Sin dejar de batir, agregue la vainilla y los huevos de uno en uno. Añada la mitad de la harina y la compota de manzana, y bátalo hasta que esté mezclado. Incorpore la harina restante.

3. Vierta la pasta en los moldes y cueza los cupcakes en el horno precalentado 20 minutos, hasta que al pincharlos en el centro con una brocheta, salga limpia. Déjelos reposar un par de minutos y, después, páselos a una rejilla metálica para que se enfríen del todo.

4. Para preparar el relleno, caliente en un cazo a fuego medio la compota de manzana, el azúcar, la harina y la canela mezclándolo bien. Llévelo a ebullición y cuézalo, removiendo, un par de minutos, o hasta que se espese. Resérvelo.

5. Para preparar la cobertura, bata en un bol con las varillas eléctricas la mantequilla con el azúcar glas, la leche, la vainilla y la canela hasta obtener una crema. Si fuera necesario, añada un poco más de azúcar glas hasta que la cobertura adquiera la consistencia adecuada para poder repartirla con la manga pastelera. Deje caer varias gotas de colorante rojo y mézclelo bien. Vaya añadiéndolo poco a poco hasta obtener un color rojo fuerte.

6. Retire la parte central de los cupcakes con un descorazonador y disponga el relleno.

7. Ponga una cucharada colmada de cobertura roja encima de cada pastelillo. Extiéndala con una espátula de modo que quede abombada. Haga una pequeña hendidura en la parte superior. Para adornar, ponga el azúcar cristalizado en un cuenco y reboce la parte superior de los cupcakes.

8. Modele 12 rabillos para las manzanas con trocitos de fondant marrón. Insértelos en la hendiduras de los cupcakes. Para hacer las hojas, extienda una pequeña cantidad de fondant verde en una lámina de 5 mm/¼ de pulgada. Recorte 12 hojas con un cortapastas y dispóngalas en las manzanas, junto a los rabillos.

9. Para servir, haga un agujero con un palillo en la cobertura de los cupcakes e introduzca una gominola en forma de gusano en cada uno, como si la manzana estuviera podrida.

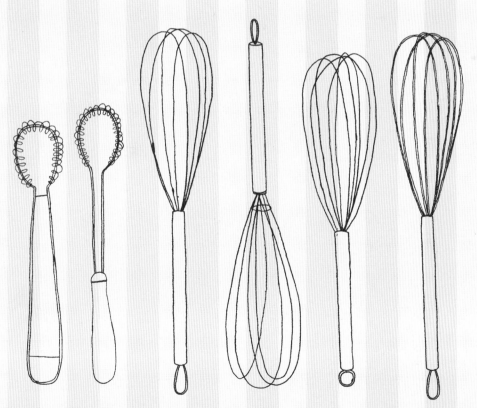

Sugerencia

Impresione a sus invitados en Halloween
con otro detalle hecho a mano:
haga los gusanos con fondant.

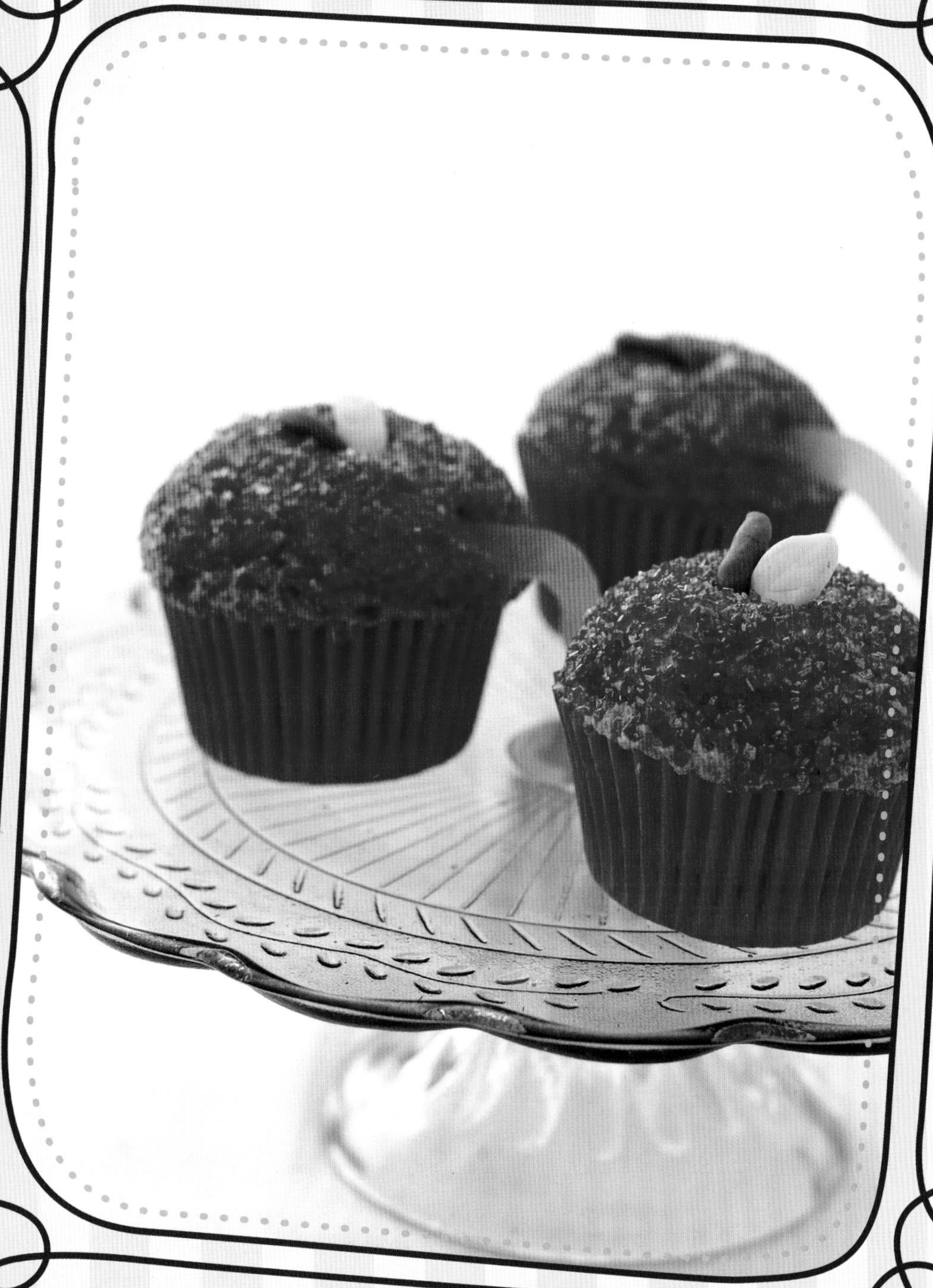

De miedo
Capítulo 4

Telarañas de color

para 12 unidades

190 g/1½ tazas de harina

1½ cucharaditas de levadura en polvo

¼ de cucharadita de sal

120 g/1 barra de mantequilla ablandada

200 g/1 taza de azúcar

2 cucharaditas de esencia de vainilla

2 huevos

125 ml/½ taza de leche

350 g/12 onzas de chocolate blanco para cobertura, para adornar

cobertura

120 g/1 barra de mantequilla ablandada

unos 250 g/2-2½ tazas de azúcar glas (impalpable)

1 cucharada de leche

1 cucharadita de esencia de vainilla

1 pizca de sal

colorante alimentario de tres colores chillones

1. Precaliente el horno a 180°C/350°F y forre dos bandejas de horno con papel vegetal y un molde para 12 magdalenas con moldes de papel.

2. Tamice la harina, la levadura y la sal en un bol. Bata la mantequilla con el azúcar en otro bol hasta obtener una crema blanquecina y espumosa. Sin dejar de batir, agregue la vainilla y los huevos de uno en uno. Añada la mitad de la harina y la leche y remueva. Incorpore la harina restante.

3. Vierta la pasta en los moldes y cueza los cupcakes en el horno precalentado 20 minutos, hasta que al pincharlos en el centro con una brocheta, salga limpia. Déjelos reposar un par de minutos y, después, páselos a una rejilla metálica para que se enfríen del todo.

4. Para preparar la cobertura, bata en un bol con las varillas eléctricas la mantequilla con el azúcar glas, la leche, la vainilla y la sal. Si fuera necesario, añada un poco más de azúcar glas hasta que la cobertura adquiera la consistencia adecuada para poder repartirla con la manga pastelera. Reparta la cobertura entre tres cuencos y tiña cada porción de un color distinto. Introduzca las cobertura en tres mangas pasteleras con boquilla de estrella. Refrigérelas.

5. Para hacer las telarañas, caliente al baño María el chocolate en un cazo de doble fondo o en un bol refractario encajado en la boca de un cazo, y remueva hasta que se derrita. Póngalo en una manga pastelera con boquilla redonda pequeña y dibuje 12 telarañas en una hoja de papel vegetal. Refrigérelas hasta que el chocolate cuaje. Disponga la cobertura de colores en forma de remolino por encima de los pastelillos. Sirva los cupcakes adornados con las telarañas de chocolate.

Fantasmas

para 6 unidades

125 g/1 taza de harina

¼ de cucharadita de cada de canela, jengibre, nuez moscada y pimienta de Jamaica

¾ de cucharadita de bicarbonato

85 g/6 cucharadas de mantequilla ablandada

85 g/⅓ de taza generoso de azúcar moreno

1 cucharada de melaza

2 huevos

cobertura

85 g/6 cucharadas de mantequilla ablandada

1 cucharada de dulce de leche

unos 175 g/¾ de taza de azúcar glas (impalpable)

para adornar

350 g/12 onzas de fondant blanco

azúcar glas (impalpable), para espolvorear

glaseado negro, para dibujar

1. Precaliente el horno a 180 °C/350 °F y forre un molde para 12 magdalenas y otro para 6 minimagdalenas con moldes de papel.

2. Tamice la harina, las especias y el bicarbonato en un bol. Bata la mantequilla con el azúcar y la melaza en otro bol hasta obtener una espuma. Sin dejar de batir, agregue los huevos de uno en uno. Añada la mitad de la harina y remueva. Incorpore la harina restante.

3. Reparta la pasta entre los 18 moldes de papel. Cueza los minicupcakes en el horno precalentado 10 minutos y los cupcakes, 20 minutos, hasta que al pincharlos en el centro con una brocheta, salga limpia. Déjelos reposar un par de minutos y, después, páselos a una rejilla metálica para que se enfríen del todo.

4. Para preparar la cobertura, bata con las varillas eléctricas la mantequilla, el dulce de leche y el azúcar glas hasta obtener una crema homogénea. Si fuera necesario, añada un poco más de azúcar glas hasta que la cobertura adquiera la consistencia adecuada para poder repartirla con la manga pastelera.

5. Separe todos los minicupcakes y 6 cupcakes de los moldes de papel. Unte los restantes con una capa de cobertura. Coloque un cupcake invertido sobre cada uno y, a continuación, un minicupcake, también invertido. Extienda la cobertura sobre los cupcakes apilados y refrigérelos 30 minutos.

6. Forme 6 bolitas con 50 g/2 onzas del fondant. Ponga una sobre cada pastelito. Divida el fondant restante en 6 trozos y extiéndalos en la encimera espolvoreada con azúcar glas en redondeles de 14 cm/5½ pulgadas. Cubra los pastelitos con los redondeles de fondant a modo de sábanas y dibuje los ojos con el glaseado.

Sugerencia

Corte el fondant y envuelva los cupcakes de uno en uno. De esta forma evitará que quede seco y quebradizo.

Zombis

para 12 unidades

125 g/1 taza de harina

60 g/¾ de taza de cacao en polvo

1½ cucharaditas de levadura en polvo

¼ de cucharadita de sal

120 g/1 barra de mantequilla ablandada

200 g/1 taza de azúcar

2 cucharaditas de esencia de vainilla

2 huevos

125 ml/½ taza de nata (crema) extragrasa

ganache

350 g/12 onzas de chocolate negro troceado

125 ml/½ taza de nata (crema) extragrasa

4 cucharaditas de jarabe de maíz

para adornar

colorante alimentario verde

85 g/3 onzas de fondant blanco

175 g/6 onzas de chocolate negro para cobertura troceado

glaseado blanco para escribir

125 g/1 taza de barquillos de chocolate triturados

1. Para hacer los zombis, extienda una hoja de papel vegetal en la encimera. Trabaje el fondant con una gotita de colorante verde hasta que adquiera un color homogéneo. Tome una bola de fondant de 2 cm/¾ de pulgada y aplánela en forma de rectángulo de 2,5 x 6 cm/1 x 2½ pulgadas aproximadamente. Con un cuchillo pequeño y afilado, recórtelo en forma de los dedos de la mano y un antebrazo de 4 cm/1½ pulgadas. Afine los contornos con la punta de los dedos y coloque los zombis en el papel vegetal. Repita la operación hasta obtener 12 unidades. Resérvelas y déjelas secar, sin tapar, toda la noche.

2. Precaliente el horno a 180 °C/350 °F y forre un molde para 12 magdalenas con moldes de papel.

3. Tamice la harina, el cacao, la levadura y la sal en un bol. Bata la mantequilla con el azúcar en otro bol hasta obtener una crema blanquecina y espumosa. Sin dejar de batir, agregue la vainilla y los huevos de uno en uno. Añada la mitad de la harina y la nata, y bátalo hasta que esté mezclado. Incorpore la harina restante.

4. Vierta la pasta en los moldes y cueza los cupcakes en el horno precalentado 20 minutos, hasta que al pincharlos en el centro con una brocheta, salga limpia. Déjelos reposar un par de minutos y, después, páselos a una rejilla metálica para que se enfríen del todo.

5. Para hacer las lápidas, caliente al baño María el chocolate en un cazo de doble fondo o en un bol refractario encajado en la boca de un cazo, y remueva hasta que se derrita.

6. Dibuje 12 lápidas (un rectángulo con la parte superior redondeada de unos 4 x 6 cm/1½ x 2½ pulgadas) en una hoja de papel vegetal. Dele la vuelta para que el dibujo quede debajo (aunque se transparentará) y póngalo en la bandeja del horno. Deje caer una cucharadita del chocolate derretido sobre uno de los dibujos y extiéndalo con el dorso hasta los márgenes para obtener una fina chocolatina en forma de lápida. Repita la operación hasta obtener 12 unidades. Refrigérelas, en la bandeja, unos 10 minutos. Cuando el chocolate se haya endurecido, saque la bandeja del frigorífico y escriba «RIP» en cada lápida con el glaseado blanco.

7. Para hacer la ganache, caliente al baño María el chocolate y la nata en un cazo de doble fondo o en un bol refractario encajado en la boca de un cazo, y remueva hasta que el chocolate se derrita. Incorpore el jarabe de maíz. Apártelo del fuego y déjelo enfriar hasta que se espese un poco.

8. Cuando los cupcakes se hayan enfriado del todo, vierta la ganache por encima, extendiéndola con el dorso de una cuchara. Esparza los barquillos triturados por encima.

9. Ponga las tumba de chocolate en un extremo de los cupcakes. Clave las manos en el centro, como si salieran de la tumba. Sirva los cupcakes a temperatura ambiente.

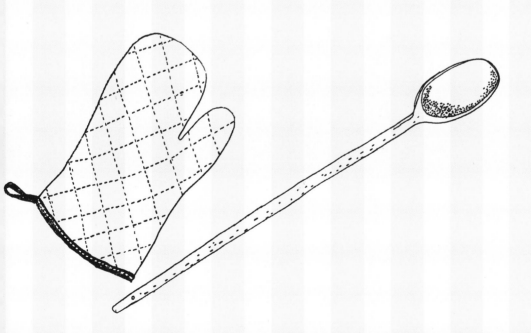

De miedo
Capítulo 4

139

Calabazas

para 12 unidades

190 g/1½ tazas de harina

1½ cucharaditas de levadura en polvo

¾ de cucharadita de canela molida

¾ de cucharadita de jengibre molido

¼ de cucharadita de sal

1 pizca de nuez moscada molida

1 pizca de pimienta
de Jamaica molida

120 g/1 barra de mantequilla
ablandada

100 g/½ taza de azúcar

½ taza generosa de azúcar moreno

1 cucharadita de esencia de vainilla

2 huevos

175 g/¾ de taza de puré de calabaza
(zapallito) sin endulzar

cobertura

120 g/1 barra de mantequilla
ablandada

unos 250 g/2-2½ tazas de azúcar
glas (impalpable)

1 cucharada de leche

1 cucharadita de esencia
de vainilla

1 cucharadita de canela molida

1 pizca de sal

colorante alimentario rojo

colorante alimentario amarillo

para adornar

azúcar cristalizado naranja

2 onzas de fondant verde

1. Precaliente el horno a 180°C/350°F y forre un molde para 12 magdalenas con moldes de papel.

2. Tamice en un bol la harina, la levadura, la canela, el jengibre, la sal, la nuez moscada y la pimienta. Bata la mantequilla con los dos tipos de azúcar en otro bol hasta obtener una crema blanquecina y espumosa. Sin dejar de batir, agregue la vainilla y los huevos de uno en uno. Añada la mitad de la harina y el puré de calabaza y remueva. Incorpore la harina restante.

3. Vierta la pasta en los moldes y cueza los cupcakes en el horno precalentado 20 minutos. Déjelos reposar un par de minutos y, después, páselos a una rejilla metálica para que se enfríen del todo.

4. Para preparar la cobertura, bata en un bol con las varillas eléctricas la mantequilla con el azúcar glas, la leche, la vainilla, la canela y la sal hasta obtener una crema. Si fuera necesario, añada un poco más de azúcar glas hasta que la cobertura adquiera consistencia. Deje caer unas gotas de colorante rojo y amarillo a partes iguales, y mézclelo hasta que quede homogéneo. Rectifique de colorantes hasta obtener un color naranja fuerte.

5. Ponga una cucharada colmada de cobertura naranja sobre cada pastelillo. Extiéndala con una espátula de modo que quede abombada. Haga una pequeña hendidura en la parte superior. Para adornar, ponga el azúcar cristalizado en un cuenco y reboce la parte superior de los cupcakes.

6. Moldee un trocito de fondant verde en forma de rabillo. Repita la operación hasta obtener 12 unidades. Para servir los pastelillos, introduzca los rabillos en la hendidura de los cupcakes y sírvalos.

Sugerencia

Estos cupcakes también quedan deliciosos con una cobertura de queso fresco, como la de la página 60.

Setas venenosas

para 12 unidades

190 g/1½ tazas de harina

1½ cucharaditas de levadura en polvo

¼ de cucharadita de sal

120 g/1 barra de mantequilla ablandada

200 g/1 taza de azúcar

2 cucharaditas de esencia de vainilla

2 huevos

125 ml/½ taza de leche

85 g/3 onzas de fondant blanco, para adornar

azúcar glas (impalpable), para espolvorear

cobertura

120 g/1 barra de mantequilla ablandada

unos 250 g/2-2½ tazas de azúcar glas (impalpable)

1 cucharada de leche

1 cucharadita de esencia de vainilla

1 pizca de sal

colorante alimentario rojo

1. Precaliente el horno a 180°C/350°F y forre un molde para 12 magdalenas con moldes de papel.

2. Tamice la harina, la levadura y la sal en un bol. Bata la mantequilla con el azúcar en otro bol hasta obtener una crema blanquecina y espumosa. Sin dejar de batir, agregue la vainilla y los huevos de uno en uno. Añada la mitad de la harina y la leche y remueva. Incorpore la harina restante.

3. Vierta la pasta en los moldes y cueza los cupcakes en el horno precalentado 20 minutos. Déjelos reposar un par de minutos y, después, páselos a una rejilla metálica para que se enfríen del todo.

4. Para preparar la cobertura, bata en un bol con las varillas eléctricas la mantequilla con el azúcar glas, la leche, la vainilla y la sal hasta obtener una crema. Si fuera necesario, añada más azúcar glas hasta que la cobertura adquiera consistencia. Deje caer varias gotas de colorante rojo y mézclelo bien. Rectifique de colorante para obtener un color rojo fuerte.

5. Extienda el fondant en la encimera espolvoreada con azúcar glas y córtelo en unos 60 topos con un cortapastas de 5 mm/¼ de pulgada de diámetro.

6. Separe los cupcakes de los moldes de papel. Recorte con cuidado la parte superior con un cuchillo de sierra y resérvelas. Con un cortapastas redondo de 4 cm/1½ pulgadas, recorte la parte inferior de los cupcakes como si fueran los pies de las setas. Deseche los recortes. Unte la parte superior de los pies con un poco de cobertura y coloque la parte reservada encima, como si fueran los sombrerillos. Extienda la cobertura restante sobre los sombrerillos y pegue los topos.

Pulpos

para 12 unidades

190 g/1½ tazas de harina

1½ cucharaditas de levadura en polvo

¼ de cucharadita de sal

120 g/1 barra de mantequilla ablandada

200 g/1 taza de azúcar

2 cucharaditas de esencia de vainilla

2 huevos

125 ml/½ taza de leche

cobertura

120 g/1 barra de mantequilla ablandada

unos 250 g/2-2½ tazas de azúcar glas (impalpable)

1 cucharada de leche

1 cucharadita de esencia de vainilla

1 pizca de sal

colorante alimentario azul

para adornar

250 g/10 onzas de pasta de azúcar para modelar a temperatura ambiente

maicena, para espolvorear

colorante alimentario azul

pegamento comestible para fondant

24 ojos pequeños de pasta de azúcar

1. Para hacer los pulpos, forre la bandeja del horno con papel vegetal. Trabaje la pasta de azúcar en una tabla espolvoreada con un poco de maicena hasta que quede maleable. Deje caer unas gotas de colorante azul y trabaje la pasta de nuevo hasta que adquiera un color homogéneo.

2. Para hacer los tentáculos, extienda una bolita de 1 cm/½ pulgada en forma de cilindro de 0,25 x 7,5 cm/⅛ x 3 pulgadas con un extremo redondeado. Póngala en la bandeja y repita la operación hasta obtener 96 unidades (8 para cada pastelillo).

3. Para hacer las cabezas, tome un trozo de pasta de azúcar de 15 mm/¾ de pulgada y dele forma de bola. Presiónela contra la tabla para aplanarla por debajo. Póngala en la bandeja con los tentáculos. Repita la operación hasta obtener 12 unidades. Déjelo secar.

4. Precaliente el horno a 180°C/350°F y forre un molde para 12 magdalenas con moldes de papel azules.

5. Tamice la harina, la levadura y la sal en un bol. Bata la mantequilla con el azúcar en otro bol hasta obtener una crema blanquecina y espumosa. Sin dejar de batir, agregue la vainilla y los huevos de uno en uno. Añada la mitad de la harina y la leche y remueva. Incorpore la harina restante.

6. Vierta la pasta en los moldes y cueza los cupcakes en el horno precalentado 20 minutos, hasta que al pincharlos en el centro con una brocheta, salga limpia. Déjelos reposar un par de minutos y, después, páselos a una rejilla metálica para que se enfríen del todo.

7. Para preparar la cobertura, bata en un bol con las varillas eléctricas la mantequilla con el azúcar glas, la leche, la vainilla y la sal hasta obtener una crema. Si fuera necesario, añada un poco más de azúcar glas hasta que la cobertura adquiera la consistencia adecuada para poder repartirla con la manga pastelera. Deje caer unas gotas de colorante azul y mézclelo bien. Rectifique de colorante hasta que adquiera el mismo color que los pulpos de pasta de azúcar.

8. Para terminar la cabeza de los pulpos, extienda una fina capa de pegamento en la parte posterior de los ojos de pasta de azúcar y péguelos en el lugar correspondiente.

9. Extienda una gruesa capa de cobertura sobre los cupcakes con una espátula. Coloque una cabeza en el centro y los tentáculos alrededor de esta, presionando los extremos para que no se desprendan. Sirva los cupcakes.

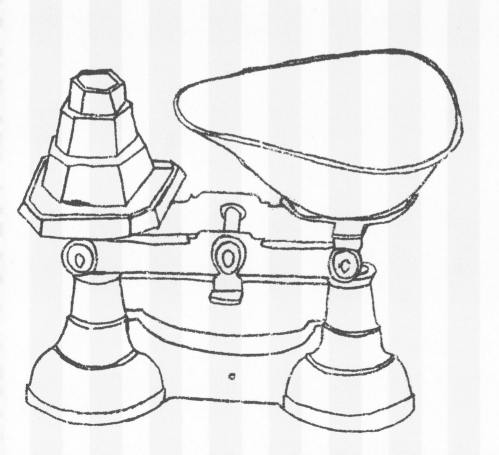

Sugerencia

Puede añadir más detalles a la cabeza y los tentáculos con un rotulador de tinta comestible o un lápiz de glaseado.

Monstruos

para 12 unidades

190 g/1½ tazas de harina

1½ cucharaditas de levadura en polvo

¼ de cucharadita de sal

120 g/1 barra de mantequilla ablandada

200 g/1 taza de azúcar

2 cucharaditas de esencia de vainilla

2 huevos

125 ml/½ taza de leche

cobertura

120 g/1 barra de mantequilla ablandada

unos 250 g/2-2½ tazas de azúcar glas (impalpable)

1 cucharada de leche

1 cucharadita de esencia de vainilla

1 pizca de sal

colorante alimentario rosa

colorante alimentario azul

para adornar

pegamento comestible para fondant

6 nubes de azúcar grandes cortadas por la mitad a lo largo

12 nubes de azúcar pequeñas

12 ojos de pasta de azúcar grandes y 12 pequeños

55 g/2 onzas de fondant blanco

1. Precaliente el horno a 180 °C/350 °F y forre un molde para 12 magdalenas con moldes de papel.

2. Tamice la harina, la levadura y la sal en un bol. Bata la mantequilla con el azúcar en otro bol hasta obtener una crema blanquecina y espumosa. Sin dejar de batir, agregue la vainilla y los huevos de uno en uno. Añada la mitad de la harina y la leche y remueva. Incorpore la harina restante.

3. Vierta la pasta en los moldes y cueza los cupcakes en el horno precalentado 20 minutos, hasta que al pincharlos en el centro con una brocheta, salga limpia. Déjelos reposar un par de minutos y, después, páselos a una rejilla metálica para que se enfríen del todo.

4. Para preparar la cobertura, bata en un bol con las varillas eléctricas la mantequilla con el azúcar glas, la leche, la vainilla y la sal hasta obtener una crema. Si fuera necesario, añada un poco más de azúcar glas hasta que la cobertura adquiera consistencia. Añada unas gotas de colorante rosa y azul y remueva bien hasta que adquiera un color homogéneo. Introduzca la cobertura en una manga pastelera con boquilla de estrella.

5. Extienda una fina capa de pegamento con un pincel sobre los cupcakes y pegue media nube grande y una pequeña al lado. Con un poco más de pegamento, pegue un ojo en el centro de cada nube.

6. Reparta la cobertura sobre los cupcakes, alrededor de las nubes. Extienda el fondant y recorte 24 triángulos en forma de dientes. Colóquelos bajo los ojos y sirva los cupcakes.

Sugerencia

Pruebe con gominolas o grageas
de chocolate recubiertas de caramelo
en lugar de nubes y tiña la cobertura
del color que combine mejor.

Brujas aplastadas

para 12 unidades

190 g/1½ tazas de harina

1½ cucharaditas de levadura
en polvo

¼ de cucharadita de sal

120 g/1 barra de mantequilla
ablandada

200 g/1 taza de azúcar

2 cucharaditas de esencia
de vainilla

2 huevos

125 ml/½ taza de leche

la ralladura fina y el zumo
de 1 lima (limón)

colorante alimentario verde

250 g/1 taza de crema
de lima (limón)

para adornar

280 g/10 onzas de pasta de
azúcar blanca, para modelar

maicena, para espolvorear

colorante alimentario negro

rotulador de tinta
comestible roja

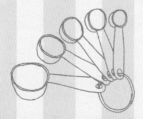

1. Para hacer las piernas de la bruja, trabaje la pasta de azúcar en una tabla espolvoreada con maicena hasta que quede maleable. Extienda un trozo de 2,5 cm/1 pulgada y forme un cilindro de 5 mm/¼ de pulgada de diámetro y unos 13 cm/5 pulgadas de largo. Pártalo por la mitad para obtener dos piernas. Repita la operación hasta obtener 24 unidades.

2. Trabaje la pasta de azúcar restante con unas gotas de colorante negro hasta que adquiera un color homogéneo. Con un trozo de 1 cm/½ pulgada, moldee un par de botas de tacón ancho terminadas en punta. Únalas al extremo de cada pierna ejerciendo un poco de presión. Repita la operación con todas las piernas. Déjelo secar.

3. Precaliente el horno a 180°C/350°F y forre un molde para 12 magdalenas con moldes de papel.

4. Tamice la harina, la levadura y la sal en un bol. Bata la mantequilla con el azúcar en otro bol hasta obtener una crema blanquecina y espumosa. Sin dejar de batir, agregue la vainilla y los huevos de uno en uno. Añada la mitad de la harina y la leche y remueva. Incorpore la harina restante y la ralladura y el zumo de lima.

5. Vierta la pasta en los moldes y cueza los cupcakes en el horno precalentado 20 minutos. Déjelos reposar un par de minutos y, después, páselos a una rejilla metálica para que se enfríen del todo.

6. Deje caer unas gotas de colorante verde en la crema de lima y repártala entre 12 platitos. Dibuje unas listas en las piernas con el rotulador y póngalas sobre la crema de lima. Coloque un cupcake invertido encima, de modo que tape parte de las piernas.

De miedo
Capítulo 4

151

CAPÍTULO 5
CON SORPRESA

Cupcakes con corazón

para 12 unidades

280 g/2¼ tazas de harina

2½ cucharaditas de levadura en polvo

¼ de cucharadita de sal

180 g/1½ barras de mantequilla ablandada, y un poco más para engrasar

300 g/1½ tazas de azúcar

1 cucharada de esencia de vainilla

3 huevos

175ml/1¾ tazas de leche

colorante alimentario rosa

corazoncitos de pasta de azúcar rosa, para adornar

cobertura

3 claras de huevo

175 g/¾ de taza de azúcar

240 g/2 barras de mantequilla ablandada

1 cucharadita de esencia de vainilla

colorante alimentario rosa

1. Precaliente el horno a 180°C/350°F y engrase un poco un molde para tarta de 23 cm/9 pulgadas de diámetro. Trace una línea recta a lo largo del centro de la base (por fuera) de 12 moldes de papel rosas o rojos. Póngalos en un molde para 12 cupcakes de modo que las líneas queden en la misma dirección. Recuerde la orientación del trazo para alinear los corazones.

2. Tamice la harina, la levadura y la sal en un bol. Bata la mantequilla con el azúcar en otro bol hasta obtener una crema blanquecina y espumosa. Sin dejar de batir, agregue la vainilla y los huevos de uno en uno. Añada la mitad de la harina y la leche y remueva. Incorpore la harina restante.

3. Pase una tercera parte de la pasta a un bol y mézclela con varias gotas de colorante rosa hasta que adquiera un color homogéneo. Extienda la pasta en el molde para tarta y cueza el bizcocho en el horno precalentado 18 minutos, o hasta que empiece a estar hecho. Déjelo reposar un par de minutos y, después, páselo a una rejilla metálica para que se enfríe del todo (no apague el horno).

4. Con un cortapastas de 4 cm/1½ pulgadas, recorte el bizcocho en 12 corazones. Deseche los recortes. Vierta una cucharada colmada de la pasta restante en uno de los moldes de papel y coloque un corazón en vertical en el centro, alineándolo con la línea dibujada en la base. Vierta más pasta por los lados hasta llenar dos tercios del molde. Repita la operación con los moldes restantes. Tape el molde con papel de aluminio para que no se sequen los corazones.

5. Cueza los cupcakes en el horno precalentado 20 minutos, hasta que al pincharlos en el centro con una brocheta, salga limpia. Déjelos reposar un par de minutos y, después, páselos a una rejilla metálica para que se enfríen del todo.

6. Para preparar la cobertura, caliente al baño María las claras de huevo y el azúcar en un cazo de doble fondo o en un bol refractario encajado en la boca de un cazo, y remueva hasta que el azúcar se disuelva del todo. Apártelo del fuego y monte las claras 4 o 5 minutos, hasta que estén a punto de nieve. Añada la mantequilla, dos cucharadas cada vez, y siga batiéndolo hasta que las claras estén firmes. Agregue la vainilla y varias gotas de colorante rosa y remueva hasta que adquiera un color homogéneo. Vaya añadiéndolo poco a poco hasta obtener el color deseado. Introduzca la cobertura en una manga pastelera con boquilla de estrella.

7. Reparta la cobertura sobre los cupcakes y adórnelos con corazones de pasta de azúcar. Pártalos por la mitad para que se vean los corazones de dentro.

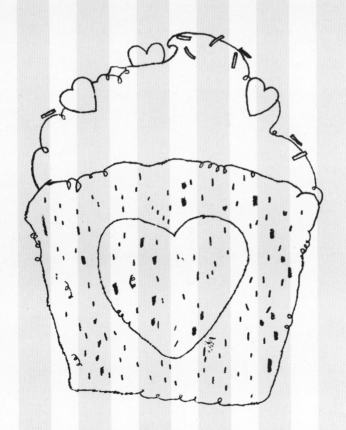

Cupcakes arcoíris

para 12 unidades

190 g/1½ tazas de harina

1½ cucharaditas de levadura en polvo

¼ de cucharadita de sal

55 g/4 cucharadas de mantequilla ablandada

55 g/¼ de taza de margarina vegetal

200 g/1 taza de azúcar

2 cucharaditas de esencia de vainilla

4 claras de huevo

125 ml/½ taza de leche

colorante alimentario rojo, amarillo, verde y azul

confeti de azúcar de colores, para adornar

cobertura

3 claras de huevo

150 g/¾ de taza de azúcar

240 g/2 barras de mantequilla ablandada

1 cucharadita de esencia de vainilla

1. Precaliente el horno a 180 °C/350 °F y forre un molde para 12 magdalenas con moldes de papel.

2. Tamice la harina, la levadura y la sal en un bol. Bata la mantequilla con la margarina y el azúcar en otro bol hasta obtener una crema blanquecina y espumosa. Sin dejar de batir, agregue la vainilla y los huevos de uno en uno. Añada la mitad de la harina y la leche y remueva. Incorpore la harina restante.

3. Reparta la pasta entre 6 cuencos. Tiña una porción con de 8 a 10 gotas de colorante rojo; una de naranja con 8 gotas de colorante amarillo y 4 de rojo; una con 8 gotas de colorante amarillo; una con 8 gotas de colorante verde; una con 8 gotas de colorante azul, y la última de lila con 8 gotas de colorante rojo y 4 de azul. Remueva bien las distintas porciones para obtener colores uniformes.

4. Reparta la pasta por capas de colores entre los moldes, comenzando por la lila. Viértala en cucharadas colmadas, alisándola con el dorso para que cubra toda la base. A continuación vierta una cucharada colmada de pasta azul y alísela con el dorso para cubrir la lila. Repita la operación con las otras pastas de colores. Cueza los cupcakes en el horno precalentado 20 minutos, hasta que al pincharlos en el centro con una brocheta, salga limpia. Déjelos reposar un par de minutos y, después, páselos a una rejilla metálica para que se enfríen del todo.

5. Para preparar la cobertura, caliente al baño María las claras de huevo y el azúcar en un cazo de doble fondo o en un bol refractario encajado en la boca de un cazo, y remueva hasta que el azúcar se disuelva del todo. Apártelo del fuego y monte las claras 4 o 5 minutos, hasta que estén a punto de nieve. Añada la mantequilla, dos cucharadas cada vez, y siga batiéndolo hasta que las claras estén firmes. Agregue la vainilla y bátalo hasta que esté mezclado. Introduzca la cobertura en una manga pastelera con boquilla de estrella.

6. Reparta la cobertura en forma de remolino sobre los cupcakes, adórnelos con el confeti de azúcar y sírvalos.

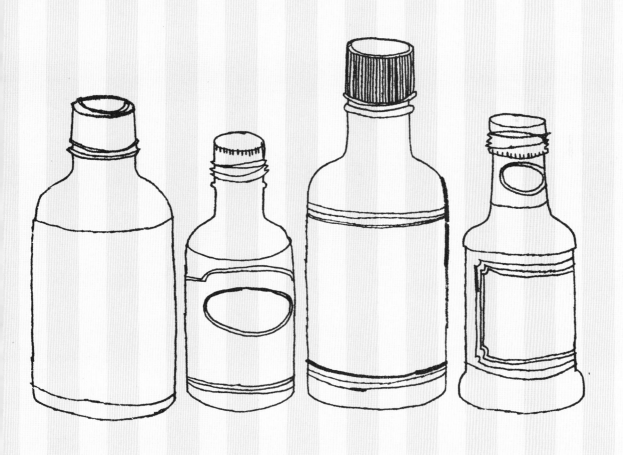

Sugerencia

Los cupcakes veteados llevan solo dos colores pero son igual de llamativos. Pruebe, por ejemplo, con pasta neutra y pasta teñida de rojo.

¿Niño o niña?

para 12 unidades

190 g/1½ tazas de harina

1½ cucharaditas de levadura en polvo

¼ de cucharadita de sal

120 g/1 barra de mantequilla ablandada

200 g/1 taza de azúcar

2 cucharaditas de esencia de vainilla

2 huevos

125 ml/½ taza de leche

confeti de azúcar rosa o azul, para adornar

pastillas de fondant

fondant blanco

glaseado rosa o azul para dibujar

relleno

1 yema de huevo

60 g/½ taza de azúcar

2 cucharadas de maicena

1 taza de leche

1 pizca de sal

1 cucharadita de esencia de vainilla

colorantes alimentarios rosa y azul

1. Para hacer las pastillas, trabaje el fondant hasta que esté maleable. Extiéndalo en una capa de 5 mm/¼ de pulgada y recórtelo en 12 redondeles con un cortapastas de 2,5 cm/1 pulgada de diámetro. Póngalos en una hoja de papel vegetal y escriba la inscripción que desee con el glaseado de color. Deje que se seque.

2. Precaliente el horno a 180 °C/350 °F y forre un molde para 12 magdalenas con moldes de papel.

3. Tamice la harina, la levadura y la sal en un bol. Bata la mantequilla con el azúcar en otro bol hasta obtener una crema blanquecina y espumosa. Sin dejar de batir, agregue la vainilla y los huevos de uno en uno. Añada la mitad de la harina y la leche y remueva. Incorpore la harina restante.

4. Vierta la pasta en los moldes y cueza los cupcakes en el horno precalentado 20 minutos, hasta que al pincharlos en el centro con una brocheta, salga limpia. Déjelos reposar un par de minutos y, después, páselos a una rejilla metálica para que se enfríen del todo.

5. Para preparar el relleno, bata la yema de huevo en un bol refractario. Lleve a ebullición en un cazo el azúcar, la maicena, la leche y la sal a fuego medio sin dejar de remover. Hiérvalo, removiendo, 1 minuto. Apártelo del fuego e incorpore 1 cucharada de la leche caliente a la yema batida. Vierta la yema en el cazo y remueva enérgicamente. Devuélvalo al fuego y remueva hasta que se espese. Incorpore la vainilla y pase la crema a un bol. Tíñala con unas gotas de colorante azul o rosa. Tape la crema con film transparente, de modo que esté en contacto con la superficie, y refrigérela.

cobertura

120 g/1 barra de mantequilla
ablandada

unos 250 g/2-2½ tazas de
azúcar glas (impalpable)

2 cucharadas de leche

2 cucharaditas de esencia
de vainilla

¼ de cucharadita de sal

6. Para preparar la cobertura, bata la mantequilla en un bol con las varillas eléctricas hasta obtener una crema blanquecina. Añada el azúcar glas, la leche, la vainilla y la sal. Bátalo hasta obtener una crema homogénea. Si fuera necesario, añada un poco más de azúcar glas hasta que la cobertura adquiera consistencia.

7. Retire la parte central de los cupcakes con un descorazonador y resérvela. Rellénelos hasta la mitad con la crema. Parta la parte central reservada por la mitad y deseche 12 trozos. Con los otros, tape la crema. Extienda la cobertura sobre los cupcakes con una espátula.

8. Introduzca la cobertura que haya sobrado en una manga pastelera con boquilla de estrella. Repártala sobre los cupcakes y adórnelos con el confeti de azúcar y las pastillas de fondant. Sírvalos.

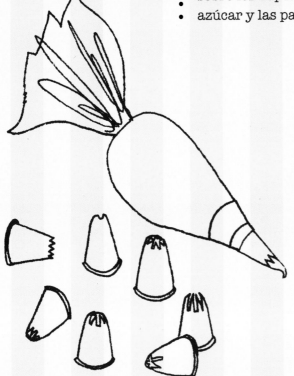

Con sorpresa
Capítulo 5

Piñatas

para 12 unidades

125 g/1 taza de harina

60 g/¾ de taza de cacao en polvo

1½ cucharaditas de levadura
en polvo

¼ de cucharadita de sal

120 g/1 barra de mantequilla
ablandada

200 g/1 taza de azúcar

2 cucharaditas de esencia de vainilla

2 huevos

125 ml/½ taza de nata (crema)
extragrasa

cobertura

120 g/1 barra de mantequilla
ablandada

unos 250 g/2-2½ tazas de azúcar
glas (impalpable)

2 cucharadas de leche

1 cucharadita de esencia de vainilla

1 pizca de sal

para adornar

350 g/12 onzas de chocolate negro
para cobertura troceado

1½ cucharadas de aceite vegetal

450 g/1 libra de grageas de chocolate
recubiertas de caramelo u otro tipo
de caramelos pequeños

pegamento comestible para fondant

confeti de azúcar

1. Precaliente el horno a 180 °C/350 °F y forre
un molde para 12 magdalenas con moldes de papel.

2. Tamice la harina, el cacao, la levadura y la sal en
un bol. Bata la mantequilla con el azúcar en otro bol
hasta obtener una crema blanquecina y espumosa.
Sin dejar de batir, agregue la vainilla y los huevos
de uno en uno. Añada la mitad de la harina y la
nata, y bátalo hasta que esté mezclado. Incorpore
la harina restante.

3. Vierta la pasta en los moldes y cueza los cupcakes
en el horno precalentado 20 minutos, hasta que
al pincharlos en el centro con una brocheta, salga
limpia. Déjelos reposar un par de minutos y,
después, páselos a una rejilla metálica para que
se enfríen del todo.

4. Para preparar la cobertura, bata la mantequilla
en un bol con las varillas eléctricas hasta que quede
untuosa. Añada el azúcar glas, la leche, la vainilla
y la sal, y bátalo hasta que esté mezclado. Si fuera
necesario, añada un poco más de azúcar glas hasta
que adquiera consistencia.

5. Reparta la cobertura sobre los cupcakes con una
espátula de modo que llegue hasta el borde del molde
de papel.

6. Para adornar, caliente al baño María el chocolate con el aceite en un bol refractario encajado en la boca de un cazo con agua hirviendo a fuego lento y remueva hasta que se derrita. Vierta 1 cucharada del chocolate derretido en un molde abombado de 7,5 cm/3 pulgadas de diámetro. Gírelo con cuidado y, con el dorso de la cuchara, extienda el chocolate en una fina capa que cubra toda la cavidad del molde. Métalo en el congelador de 5 a 10 minutos, o hasta que cuaje. Desmolde con cuidado la cúpula de chocolate y refrigérela. Repita la operación para obtener otras 12 unidades.

7. Ponga una cúpula de chocolate en la encimera y llénela con una cucharada colmada de grageas o caramelos. Coloque un cupcake congelado encima en posición invertida, de modo que la cobertura toque la parte abierta de la cúpula. Dele la vuelta y resérvelo. Repita la operación hasta que haya rellenado y montado los 12 pastelillos. Con un pincel pequeño, pinte la parte superior de las cúpulas con pegamento. Adórnelas con el confeti y espere a que cuaje antes de servir los cupcakes.

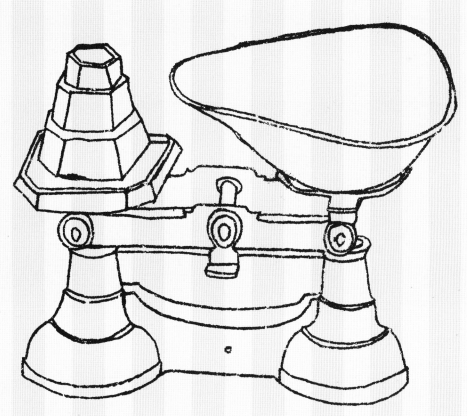

167

Sugerencia

Para hacer las cúpulas, utilice
un molde para chocolate de plástico
o silicona de unos 7,5 cm/3 pulgadas
de diámetro.

Cucuruchos de helado

para 12 unidades

190 g/1½ tazas de harina

1½ cucharaditas de levadura en polvo

¼ de cucharadita de sal

120 g/1 barra de mantequilla ablandada

200 g/1 taza de azúcar

2 cucharaditas de esencia de vainilla

2 huevos

125 ml/½ taza de leche

85g/½ taza de pepitas de chocolate negro

12 cucuruchos de helado pequeños con la base plana

confeti de azúcar de colores, para adornar

cobertura

120 g/1 barra de mantequilla ablandada

250 g/2-2½ tazas de azúcar glas (impalpable)

1 cucharada de leche

1 cucharadita de esencia de vainilla

1 pizca de sal

1. Precaliente el horno a 180 °C/350 °F y forre un molde para 12 magdalenas con moldes de papel.

2. Tamice la harina, la levadura y la sal en un bol. Bata la mantequilla con el azúcar en otro bol hasta obtener una crema blanquecina y espumosa. Sin dejar de batir, agregue la vainilla y los huevos de uno en uno. Añada la mitad de la harina y la leche y remueva. Incorpore la harina restante y luego las pepitas de chocolate.

3. Reparta la pasta entre los moldes de papel y coloque un cucurucho invertido sobre cada uno, presionándolo con firmeza. Cueza los cupcakes en el horno precalentado 20 minutos, hasta que al pincharlos en el centro con una brocheta, salga limpia (puede que los cucuruchos se descentren un poco a medida que suban los cupcakes). Déjelos reposar un par de minutos y, después, páselos a una rejilla metálica para que se enfríen del todo.

4. Para preparar la cobertura, bata en un bol con las varillas eléctricas la mantequilla con el azúcar glas, la leche, la vainilla y la sal hasta obtener una crema. Si fuera necesario, añada un poco más de azúcar glas hasta que adquiera consistencia.

5. Separe los cupcakes de los moldes de papel y ponga los cucuruchos derechos. Extienda la cobertura con una espátula, haciendo remolinos como si fuera helado de vainilla. Para servirlos, adórnelos con confeti de azúcar.

Cupcakes de merengue y chocolate

para 12 unidades

125 g/1 taza de harina

60 g/¾ de taza de cacao en polvo

1½ cucharaditas de levadura en polvo

¼ de cucharadita de sal

120 g/1 barra de mantequilla ablandada

200 g/1 taza de azúcar

2 cucharaditas de esencia de vainilla

2 huevos

125 ml/½ taza de nata (crema) extragrasa

flores de fondant, para adornar

cobertura de merengue

4 claras de huevo

200 g/1 taza de azúcar

¼ de cucharadita de crémor

1 cucharadita de esencia de vainilla

cobertura de chocolate

225 g/8 onzas de chocolate negro para cobertura troceado

2 cucharadas de aceite vegetal

1. Precaliente el horno a 180 °C/350 °F y forre un molde para 12 magdalenas con moldes de papel.

2. Tamice la harina, el cacao, la levadura y la sal en un bol. Bata la mantequilla con el azúcar en otro bol hasta obtener una crema blanquecina y espumosa. Sin dejar de batir, agregue la vainilla y los huevos de uno en uno. Añada la mitad de la harina y la nata, y bátalo hasta que esté mezclado. Incorpore la harina restante.

3. Vierta la pasta en los moldes y cueza los cupcakes en el horno precalentado 20 minutos, hasta que al pincharlos en el centro con una brocheta, salga limpia. Déjelos reposar un par de minutos y, después, páselos a una rejilla metálica para que se enfríen.

4. Para preparar la cobertura, caliente al baño María las claras de huevo, el azúcar y el crémor en un cazo de doble fondo o en un bol refractario encajado en la boca de un cazo, y remueva hasta que el azúcar se disuelva. Apártelo del fuego y monte las claras 4 o 5 minutos, hasta que estén a punto de nieve. Agregue la vainilla y bátalo hasta que esté mezclado.

5. Introduzca la cobertura en una manga pastelera con boquilla de estrella y repártala formando un remolino alto sobre los cupcakes. Refrigérelos al menos 15 minutos.

6. Para preparar la cobertura, caliente al baño María el chocolate y el aceite en un cazo de doble fondo o en un bol refractario encajado en la boca de un cazo, y remueva hasta que el chocolate se derrita. Sumerja con cuidado los cupcakes refrigerados en el chocolate para recubrir el merengue. Adórnelos con las flores de fondant y refrigérelos hasta que cuaje el chocolate.

Sugerencia

Para que esta receta resulte aún más divertida, tiña la cobertura con unas gotas de colorante de un color vistoso.

Cupcakes de barquillos de chocolate

para 12 unidades

12 barquillos de nata (crema) recubiertos de chocolate

125 g/1 taza de harina

60 g/¾ de taza de cacao en polvo

1½ cucharaditas de levadura en polvo

¼ de cucharadita de sal

120 g/1 barra de mantequilla ablandada

200 g/1 taza de azúcar

2 cucharaditas de esencia de vainilla

2 huevos

125 ml/½ taza de nata (crema) extragrasa

12 barquillos de nata (crema) recubiertos de chocolate pequeños, para adornar

cobertura

120 g/1 barra de mantequilla ablandada

unos 175 g/2½-3 tazas de azúcar glas (impalpable)

2 cucharadas de leche

1 cucharadita de esencia de vainilla

1 pizca de sal

6 barquillos de nata (crema) recubiertos de chocolate

1. Precaliente el horno a 180 °C/350 °F y forre un molde para 12 magdalenas con moldes de papel. Coloque un barquillo en cada uno.

2. Tamice la harina, el cacao, la levadura y la sal en un bol. Bata la mantequilla con el azúcar en otro bol hasta obtener una crema blanquecina y espumosa. Sin dejar de batir, agregue la vainilla y los huevos de uno en uno. Añada la mitad de la harina y la nata, y bátalo hasta que esté mezclado. Incorpore la harina restante.

3. Vierta la pasta en los moldes, por encima de los barquillos, y cueza los cupcakes en el horno precalentado 20 minutos, hasta que al pincharlos en el centro con una brocheta, salga limpia. Déjelos reposar un par de minutos y, después, páselos a una rejilla metálica para que se enfríen del todo.

4. Para preparar la cobertura, bata la mantequilla en un bol con las varillas eléctricas hasta que quede untuosa. Añada el azúcar glas, la leche, la vainilla y la sal. Abra los barquillos y raspe el relleno de nata sobre el bol, reservando los barquillos. Bátalo hasta que esté mezclado. Si fuera necesario, añada un poco más de azúcar glas hasta que adquiera la consistencia adecuada para poder repartirla con la manga pastelera.

5. Triture un poco gruesos los barquillos reservados en el robot de cocina. Añádalos a la cobertura y remueva hasta mezclar los ingredientes. Introduzca la cobertura en una manga pastelera con boquilla de estrella y repártala en forma de remolino sobre los cupcakes. Adórnelos con los barquillos recubiertos de chocolate pequeños y sírvalos.

Cupcakes con confeti de azúcar

para 12 unidades

190 g/1½ tazas de harina

1½ cucharaditas de levadura en polvo

¼ de cucharadita de sal

55 g/4 cucharadas de mantequilla ablandada

55 g/¼ de taza de margarina vegetal

200 g/1 taza de azúcar

2 cucharaditas de esencia de vainilla

4 claras de huevo

125 ml/½ taza de leche

75 g/¼ de taza de confeti de azúcar de colores, y un poco más para adornar

cobertura

2 claras de huevo

100 g/½ taza de azúcar

160 g/1¼ barras de mantequilla ablandada

2 cucharaditas de esencia de vainilla

1. Precaliente el horno a 180 °C/350 °F y forre un molde para 12 magdalenas con moldes de papel.

2. Tamice la harina, la levadura y la sal en un bol. Bata la mantequilla con la margarina y el azúcar en otro bol hasta obtener una crema blanquecina y espumosa. Sin dejar de batir, agregue la vainilla y las claras de huevo de una en una. Añada la mitad de la harina y la leche y remueva. Incorpore la harina restante, luego el confeti de azúcar y remueva.

3. Vierta la pasta en los moldes y cueza los cupcakes en el horno precalentado 20 minutos, hasta que al pincharlos en el centro con una brocheta, salga limpia. Déjelos reposar un par de minutos y, después, páselos a una rejilla metálica para que se enfríen del todo.

4. Para preparar la cobertura, caliente al baño María las claras de huevo y el azúcar en un cazo de doble fondo o en un bol refractario encajado en la boca de un cazo, y remueva hasta que el azúcar se disuelva del todo. Apártelo del fuego y monte las claras 4 o 5 minutos. Añada la mantequilla, dos cucharadas cada vez, y siga batiéndolo hasta que las claras estén firmes. Agregue la vainilla y bátalo hasta que esté mezclado. Introduzca la cobertura en una manga pastelera con boquilla de estrella.

5. Reparta la cobertura en forma de remolino sobre los cupcakes y adórnelos con confeti de azúcar.

Sugerencia

Es posible que el confeti de azúcar tiña un poco la pasta, pero una vez estén hechos los cupcakes no se notará.

Tartaletas de cupcake

para 12 unidades

190 g/1½ tazas de harina

1½ cucharaditas de levadura en polvo

1 cucharadita de canela molida

¼ de cucharadita de sal

120 g/1 barra de mantequilla ablandada

200 g/1 taza de azúcar

1 cucharadita de esencia de vainilla

2 huevos y 125 ml/½ taza de leche

tartaletas

mantequilla, para engrasar

500 g/3 tazas de arándanos

1½ cucharaditas de ralladura fina de limón

1 cucharada de zumo de limón

75 g/3 cucharadas de harina, y un poco más para espolvorear

200 g/¼ de taza y 2 cucharadas de azúcar

200 g/1 lámina de masa quebrada comprada, a temperatura ambiente

cobertura

120 g/1 barra de mantequilla ablandada

unos 250 g/2-2½ tazas de azúcar glas (impalpable)

1 cucharada de leche

1 cucharadita de esencia de vainilla

1 cucharadita de canela molida

1 pizca de sal

colorante alimentario amarillo y marrón

1. Precaliente el horno a 190 °C/375 °F. Engrase un molde para 12 minicupcakes y forre un molde para 12 cupcakes con moldes de papel.

2. Para preparar las tartaletas, mezcle en un bol los arándanos, la ralladura y el zumo de limón, la harina y el azúcar. Resérvelo.

3. Extienda la masa quebrada en la encimera espolvoreada con un poco de harina y recórtela en 12 redondeles de 7,5 cm/3 pulgadas de diámetro. Junte los recortes, envuélvalos en film transparente y resérvelos. Encaje la pasta en los huecos del molde para minicupcakes, presionando contra las paredes. Rellénela con una cucharada colmada del relleno de arándanos y reserve el que sobre.

4. Extienda la masa reservada y recórtela en 12 redondeles de 5 cm/2 pulgadas de diámetro. Colóquelos encima de las tartaletas y pellizque los bordes para unirlos. Pinche toda la superficie con un palillo. Cueza las tartaletas en el horno de 20 a 25 minutos, o hasta que se doren y estén crujientes. Sáquelas (deje el horno encendido pero baje la temperatura a 180 °C/350 °F), déjelas enfriar en el molde de 3 a 5 minutos y, después, páselas a una rejilla metálica para que se enfríen del todo.

5. Ponga el relleno de arándanos restante en un cazo y mézclelo con 4 cucharadas de agua. Llévelo a ebullición, baje el fuego y cuézalo 5 minutos, o hasta que adquiera una consistencia almibarada. Tritúrelo con el robot de cocina o la batidora de brazo hasta obtener un puré grueso. Déjelo enfriar.

6. Para preparar los cupcakes, tamice en un bol la harina, la levadura, la canela y la sal. En otro bol bata la mantequilla con el azúcar hasta obtener una crema blanquecina y espumosa. Sin dejar de batir, agregue la vainilla y los huevos de uno en uno. Añada la mitad de la harina y la leche y remueva. Incorpore la harina restante.

7. Vierta 1 cucharada de la pasta en cada molde. Coloque una tartaleta en cada uno. Reparta la pasta restante por encima de las tartaletas de modo que queden bien cubiertas. Cueza los cupcakes en el horno precalentado de 22 a 24 minutos, hasta que al pincharlos en el centro con una brocheta, salga limpia. Déjelos reposar un par de minutos y, después, páselos a una rejilla metálica para que se enfríen del todo.

8. Para preparar la cobertura, bata en un bol con las varillas eléctricas la mantequilla con el azúcar glas, la leche, la vainilla, la canela y la sal hasta obtener una crema. Si fuera necesario, añada un poco más de azúcar glas hasta que la cobertura adquiera la consistencia adecuada para poder repartirla con la manga pastelera. Añada unas gotas de colorante amarillo y una de marrón y remueva bien hasta que se tiña la cobertura. Rectifique de colorantes para obtener un color dorado. Introduzca la cobertura en una manga pastelera grande con boquilla lisa de 5 mm/¼ de pulgada de ancho.

9. Cuando se hayan enfriado los cupcakes, úntelos con 1 cucharada del relleno de arándanos triturado, extendiéndolo en una capa uniforme con el dorso de la cuchara casi hasta los bordes. Dibuje dos líneas paralelas de cobertura sobre cada pastelillo y, después, otras dos perpendiculares para crear un efecto enrejado. Rodee el contorno con más cobertura con un movimiento sinuoso para simular el borde ondulado de las tartaletas. Sírvalos.

Sugerencia

Prepare las tartaletas con antelación
y congélelas hasta un mes como máximo.
No las ponga dentro de los cupcakes
hasta que estén a temperatura ambiente.

Cupcakes con base de galleta

para 12 unidades

125 g/1 taza de harina

85 g/¾ de taza de cacao en polvo, y un poco más para adornar

1½ cucharaditas de levadura en polvo

¼ de cucharadita de sal

120 g/1 barra de mantequilla ablandada

200 g/1 taza de azúcar

2 cucharaditas de esencia de vainilla

2 huevos

125 ml/½ taza de nata (crema) extragrasa

40 g/½ taza de pepitas de chocolate negro

base de galleta

115 g/8 galletas integrales con o sin canela troceadas

125 g/¼ de taza y 2 cucharadas de azúcar

120 g/1 barra de mantequilla ablandada

cobertura

4 claras de huevo

200 g/1 taza de azúcar

¼ de cucharadita de crémor

1 cucharadita de esencia de vainilla

1. Precaliente el horno a 180 °C/350 °F y forre un molde para 12 magdalenas con moldes de papel.

2. Para preparar la base de galleta, triture gruesos los ingredientes en el robot de cocina. Ponga 1 cucharada de las galletas trituradas en los moldes y aplánelas con el dorso de la cuchara. Reserve las que sobren. Cueza las bases en el horno unos 8 minutos, hasta que se doren (no apague el horno).

3. Tamice la harina, el cacao, la levadura y la sal en un bol. En otro bol, bata con las varillas eléctricas la mantequilla con el azúcar hasta obtener una crema blanquecina y espumosa. Sin dejar de batir, agregue la vainilla y los huevos de uno en uno. Añada la mitad de la harina y la nata, y bátalo hasta que esté mezclado. Incorpore la harina restante, luego las pepitas de chocolate y remueva.

4. Reparta la pasta entre los moldes, sobre la base, y esparza la galleta triturada por encima. Cueza los cupcakes en el horno precalentado 20 minutos, hasta que al pincharlos en el centro con una brocheta, salga limpia. Déjelos reposar un par de minutos y páselos a una rejilla metálica para que se enfríen del todo.

5. Para preparar la cobertura, caliente al baño María las claras de huevo, el azúcar y el crémor en un cazo de doble fondo o en un bol refractario encajado en la boca de un cazo, y remueva hasta que el azúcar se disuelva del todo. Apártelo del fuego y monte las claras a punto de nieve 4 o 5 minutos. Incorpore la vainilla. Introduzca la cobertura en una manga pastelera con boquilla de estrella y repártala en forma de remolino sobre los cupcakes. Espolvoréelos con cacao en polvo y sírvalos.

Con sorpresa
Capítulo 5

Huevos

para 12 unidades

12 huevos

190 g/1½ tazas de harina

1½ cucharaditas de levadura en polvo

¼ de cucharadita de sal

120 g/1 barra de mantequilla ablandada

200 g/1 taza de azúcar

2 cucharaditas de esencia de vainilla

la ralladura fina y el zumo de 1 limón

125 ml/½ taza de leche

para adornar

225 g/8 onzas de chocolate blanco para cobertura troceado

1 cucharada de aceite vegetal

pegamento comestible para fondant

confeti de azúcar

1. Para preparar las cáscaras, haga un agujero en cada huevo con una aguja larga, una brocheta u otro objeto fino y afilado. Agrande un poco el orificio con los dedos hasta que tenga 1 cm/½ pulgada de diámetro. Vacíe 2 huevos en un cuenco, tápelos y refrigérelos (más adelante los añadirá a la pasta de los cupcakes). Vacíe los huevos restantes en otro cuenco, tápelos y refrigérelos.

2. Enjuague bien las cáscaras por dentro y por fuera bajo el grifo y déjelas secar, con la parte agujereada hacia abajo, sobre un paño de cocina.

3. Precaliente el horno a 180 °C/350 °F.

4. Tamice la harina, la levadura y la sal en un bol. Bata la mantequilla con el azúcar en otro bol hasta obtener una crema blanquecina y espumosa. Sin dejar de batir, agregue la vainilla y los dos huevos reservados de uno en uno. Añada la ralladura y el zumo de limón y la mitad de la harina y remueva. Incorpore la leche. Agregue la harina restante y mézclelo.

5. Introduzca la pasta en una manga pastelera con una boquilla redonda que quepa en la abertura de las cáscaras de huevo. Repártala con cuidado entre las cáscaras hasta llenarlas hasta la mitad. Póngalas en un molde para 12 cupcakes, inclinándolas hacia los lados para que se mantengan derechas. Si fuera necesario, encájelas con papel de aluminio arrugado.

6. Cuézalos en el horno precalentado 20 minutos, hasta que al pincharlos en el centro con una brocheta, salga limpia. Déjelos reposar un par de minutos y, después, páselos a una rejilla metálica para que se enfríen del todo. Si la pasta rebosara por la abertura, ráspela con el cuchillo y deséchela.

7. Cuando los cupcakes se hayan enfriado y pueda manipularlos, descascaríllelos.

8. Para adornarlos, ponga el chocolate y el aceite en un bol refractario encajado en la boca de un cazo con agua hirviendo a fuego lento y remueva hasta que se derrita. Sumerja los cupcakes en el chocolate hasta recubrirlos por la mitad. Deje gotear el chocolate y póngalos derechos, con la parte neutra hacia abajo, en un molde para cupcakes. Si fuera necesario, encájelos con papel de aluminio arrugado. Repita la operación hasta obtener 12 unidades y refrigérelos de 10 a 15 minutos, hasta que cuaje el chocolate. Si fuera necesario, recaliente el chocolate que sobre, recubra la otra mitad de los cupcakes y póngalos de nuevo en el molde con la parte cuajada hacia abajo. Refrigérelos de 10 a 15 minutos, hasta que cuaje el chocolate.

9. Con pegamento y un pincel pequeño, pinte unas cenefas en los pastelillos y disponga confeti de azúcar por encima. Sírvalos.

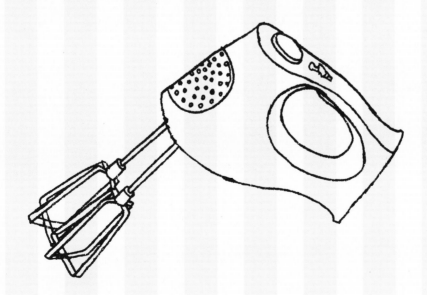

Índice analítico

Índice analítico

LOVE FOOD es un sello editorial de Parragon Books Ltd.
Publicado por Parragon Books Ltd y distribuido por:

Parragon Inc.
440 Park Avenue South, 13th Floor
Nueva York, NY, 10016
www.parragon.com/lovefood

ISBN: 978-1-4723-3000-0

Impreso en China/Printed in China

Recetas e introducción: Robin Donovan
Fotografías: Sian Irvine
Fotografías complementarias: Mike Cooper
Ilustraciones: Charlotte Farmer
Diseño: Lexi L'Esteve
Traducción: Carme Franch Ribes para Delivering iBooks
Redacción y maquetación: Delivering iBooks & Design, Barcelona

Notas:
En este libro las medidas se dan en el sistema métrico e imperial. Cuando el nombre de algún ingrediente
varía de una región del ámbito hispánico a otra, se ha procurado ofrecer las variantes. Las cucharadas
indicadas en las medidas son rasas. Se considera que 1 cucharadita equivale a 5 ml y 1 cucharada,
a 15 ml. Si no se especifica otra cosa, la leche es siempre entera y los huevos, grandes.

Los tiempos indicados son orientativos. Los tiempos de cocción pueden variar.

Las recetas que llevan huevo crudo o poco hecho no están indicadas para niños, ancianos, mujeres
embarazadas ni personas convalecientes o enfermas. Se recomienda a las mujeres embarazadas
o lactantes que no consuman cacahuetes ni productos derivados. Las personas alérgicas a los
frutos secos deberán omitirlos en algunas recetas. Compruebe siempre el envase de los productos
antes de consumirlos.